歴史文化ライブラリー

77

太平洋戦争と歴史学

阿部　猛

吉川弘文館

目次

時代情況

紀元二千六百年……2

時代の雰囲気……13

皇国史観

国体の本義……20

平泉澄とその門下……38

建武中興……53

「八紘為宇」

「八紘為宇」の精神……70

「大東亜共栄圏」……81

南進論……97

抵抗と転向

時流に抗して……108

転　向……135
民間史学
「歴史に学ぶ」……150
鉄の文化史……159
歴史の教育
初等教育……166
中・高等教育……177
あとがき

時代情況

紀元二千六百年

史学史の欠落

太平洋戦争の終結からかぞえても、すでに五〇年をこえる歳月が流れた。二十一世紀を迎えるとあって、さまざまな分野で、「戦後五十年」を総括し、来るべき世紀への展望を開こうとする試みがなされている。しかし、実は肝心の「戦争期」をいかに総括するかは、必ずしも明らかではない。たとえば、従軍慰安婦問題、七三一部隊の問題、南京大虐殺の問題等々、その「事実」また「責任」をめぐって議論が重ねられている。総じて「戦争責任」については、立場により採りあげ方が異なり、難しい問題を含む。

大戦後、まず浮上したのは、戦争を指導した天皇、政治家、軍部、財界の責任を問うものであり、ついで文学者の戦争責任について論争が二度、三度とおこなわれた。マスコミや教育者、芸術家の戦争責任についての議論もおこなわれたが、いずれもその声は小さく、不徹底であり、むしろあえてそれにふれないのが「大人《おとな》」の態度だとされる傾向さえあった。きちんとした総括がなされないまま、五〇年を過ごしてきたというのが実情であり、そのことが、わが国民の過去の戦争についての認識の弱さを生み、さまざまな国際的トラブルをひき起こす要因になったとも考えられる。

戦争責任論で特徴的と思われるのは、軍部の責任を東条英機《とうじようひでき》に負わせ、文学者のそれは高村光太郎に、そして歴史家の責任は平泉澄《ひらいずみきよし》に負わせる、つまりスケープ・ゴートをつくりあげることによって、他の責任を曖昧《あいまい》にする手法であった。

研究者は社会的存在であり、その研究の成果が社会へ還元されるべきものである限り、いかなるかたちにおいても「社会的責任」をまぬがれない。その意味において、とくに「戦争」にかかわって歴史学研究者がどのような姿勢をとったかを明らかにすることは大切である。責任を明らかにするためには「事実」を明らかにする必要がある。

家永三郎は、『戦争責任』(岩波書店)また『歴史と責任』(中央大学出版局)と題する書物を書いたが、この中でも、知識人一般の責任は扱われても、「歴史家」の責任を直接とりあげることはなかった。歴史研究者によって書かれた「戦争責任」の文字を冠する諸書もすべて同様であり、ふれるとしても、多くの場合は平泉澄を中心とする「皇国史観」を対象とするにとどまった。

『史学史』という試みは、あまり流行《はや》らない。芳賀登の『批判近代日本史学思想史』（柏書房）は、戦後の史学史の書としては稀有《けう》の例に属するが、その第七章は「十五年戦争と歴史家――とくに日本史研究者を中心として――」と題し、多くの資料を提供している。芳賀が述べるように、史学史の欠落は「史家に経世済民の抱負が欠落」している現状を示すものといえようか。歴史研究者が、みずからの姿勢を正さなければ、政治家・軍部・財界などの戦争責任を追及しても迫力を欠くことになるだろう。その意味で、本書は、太平洋戦争期のわが国歴史学界のありようを述べ、もって将来の資としたいと希《ねが》うものである。

津田左右吉への攻撃

昭和十三年（一九三八）九月「帝大粛正期成同盟」なるものが結成された。そのメンバーは、

三室戸教光（子爵）、菊地武夫（男爵）、井田磐楠《いだいわくす》（同）、井上清純（同）、三井甲之《こうし》（原理日本代表）、建川美次《たてかわよしつぐ》（陸軍中将）、江藤源九郎（衆議院議員）、葛生能久（黒竜会主幹）、松本徳明（日独同志会代表）、入江種矩（政教社『日本及日本人』主幹）、岩

田愛之助（愛国社社長）、池田弘（帝国新報社社長）、蓑田胸喜《みのだむねき》（国士館専門学校教授）、中原謨司（衆議院議員）、板橋菊松（帝国憲法学会代表）、小林順一郎（瑞穂倶楽部常務理事）ら右翼の人びとで、荒木貞夫・真崎甚三郎両大将を中心とする皇道派に近い人びとと見られている。かれらは、美濃部達吉《みのべたつきち》の「天皇機関説」を攻撃した人びとである。

昭和十二年（一九三七）に大陸での戦争が本格化し、『国体の本義』が配布され、日・独・伊三国防共協定が成立、十三年四月には国家総動員法が公布されていた。

津田左右吉《つだそうきち》が東京大学法学部の東洋政治思想史の講師に就任すると、三井甲之・蓑田胸喜は『原理日本』（一五巻一一号）でこれをとりあげ、皇紀二千六百年奉祝直前の学界の不祥事件として津田を攻撃した。昭和十五年二月十日に『古事記及び日本書紀の新研究』（大正八年刊）が発売禁止となり、十二日には『神代史の研究』（大正二年刊）、『日本上代史の研究』（昭和六年刊）、『上代日本の社会及び思想』（昭和八年刊）が発禁となった。そして三月八日には、出版法第二十六条違反で、出版者の岩波茂雄とともに起訴されたのである。出版法第二十六条とは、つぎのごときものであった。

第二十六条　皇室ノ尊厳ヲ冒瀆シ、政体ヲ変壊シ、又ハ国憲ヲ紊乱セムトスル文書・図画ヲ出版シタルトキハ、著作者、発行者、印刷者ヲ二月以上二年以下ノ軽禁錮ニ

処シ、二十円以上二百円以下ノ罰金ヲ附加ス

裁判の第一審で、津田は禁錮三ヵ月、岩波は二ヵ月で、いずれも執行猶予二ヵ年であった。津田は東大講師を辞し、昭和十五年度の講師は村岡典嗣《つねつぐ》、そのあとをついだのが丸山真男《まさお》であった（宮村治雄「丸山真男の初講義」『UP』三〇九号）。津田は当然控訴したが、戦争終結により免訴となり、出版法そのものも昭和二十四年五月に廃止された。

紀元二千六百年記念行事

昭和十五年（一九四〇）は皇紀二千六百年、すなわち神武《じんむ》天皇が大和国橿原宮《かしはらのみや》で即位して二六〇〇年の記念すべき年に当たるとされた。政府や地方自治体はその記念事業を企てたが、これより早く昭和十一年七月一日に、内閣に紀元二千六百年祝典事務局が設けられ、昭和十五年に向けて準備がおこなわれることになった。昭和十二年三月三十一日発行の『週報』（第二十四号）に、事務局が書いた「紀元二千六百年に就て」と題する文章が載っている。それによると、①宮中関係の祭典、②神宮並《ならび》に官国幣社以下神社の祭典、③肇国創業に特殊関係ある神社の臨時の祭典、④大観兵式、大観艦式、⑤国民的祝典、⑥奉祝記念事業などが企図された。最大のイベントは、十一月十日午前十一時からの政府主催の式典で、天皇・皇后も出席して宮城《きゅうじょう》外苑（皇居前広場）に約五万人を集めておこなわれた。翌日

午後二時頃から同じ場所で奉祝会がおこなわれ、出席者には、歴代天皇の和歌を抄録して佐佐木信綱が解説を付した『列聖珠藻』と、歴代天皇の書簡などを抄録して辻善之助《つじぜんのすけ》が解説した『聖徳余光』なる冊子が配布された。

奉祝記念行事は、いろいろおこなわれたが、歴史関係では、①神武天皇聖蹟調査、②『日本文化大観』の出版、③国史館の建設などがあった（二千六百年記念行事などについては、古川隆久『皇紀・万博・オリンピック』〈中公新書〉に詳しい）。①は昭和十三年に調査委員会が設けられ、一九ヵ所を聖蹟と決めて整備事業がおこなわれた。昭和十七年（一九四二）に『神武天皇聖蹟調査報告』が文部省から出されている（考古学界の動向については、坂詰秀一『太平洋戦争と考古学』〈吉川弘文館〉に詳しい）。②は昭和十三年六月に紀元二千六百年奉祝祭から文部省に委嘱され、教学局が担当となって日本文化大観編修会を設置した。十八年十一月現在の会の構成はつぎのようであった。

会長＝菊地豊三郎（文部次官）

委員＝稲田周一（内閣書記官）、土屋耕一（印刷局長）、秋山光夫（帝室博物館監査官）、藤野恵（文部省総務局長）、近藤寿治（同教学局長）、小川義章（同教学官）、和辻哲郎、久松潜一、平泉澄、坂本太郎、西田直二郎、臼井二郎、高山《こうやま》岩男、諸橋轍次《てつじ》、辻善之助、穂積重遠《しげとお》、宇井伯寿《はくじゅ》、河原春作《しゅんさく》、大塚武松、藤懸静也《しずや》、矢代幸雄、森谷秀亮《もりやひですけ》、難波田春夫、河野省三、岩崎卯一、高橋俊乗《しゅんじょう》、斎藤晌《あきら》、赤松俊秀、伊東多三郎

幹事＝佐藤朝生（内閣書記官）、伊藤日出登（文部書記官）、原元助（同教学官）、北浦静彦（同理事官）、渡部己丑太

書記＝富海敏夫（文部属）

昭和十七年八月二十日付で第一巻（歴史篇上）が少部数出版されたが、あとは戦争激化のため中止となった。序文で、「皇位が天壌《てんじょう》と共に無窮《むきゅう》なる如く、我が国文化も肇国《ちょうこく》の大精神の一途の展開として生成不断の発展を続け来つたのであつて、これこそ我が国文化の特質である」と記すのを見れば、およそ内容は推し量られよう。なお、敗戦後に右の企てを復活する試みがなされ、辻善之助を理事長とする日本美術文化協会が設けられたらしいが事情は詳《つまび》らかでない（志田延義「寒明けを待たず学友逝きにけり」『太田善麿先生追悼文集』群書）。③の国史館については、昭和十四年三月、文部省に国史館造営委員会が設けられたが、建設用地を帝国議会旧議事堂跡（鹿鳴館跡、現在のNTT本社付近）とすることが決まっただけで、戦争の激化により、計画は頓挫した。しかし、国史館の構想は、実に約半世紀ののち、昭和五十八年（一九八三）三月に開館した国立歴史民俗博物館（千葉県佐倉

市）として甦《よみがえ》ったのである（古川前掲書）。

紀元二千六百年記念出版

白水社は、紀元二千六百年記念出版として、山田孝雄《よしお》『肇国と建武中興との聖業』なる書物を刊行した。本書は、①「神武天皇の御事蹟」、②「後醍醐天皇を仰ぎ讃へまつりて」、③「後村上天皇御事蹟大要」の三編を収める。内容については、ことさら紹介するほどのことはないであろう。①の末尾に「東亜新秩序の建設」は「神武天皇の天業御恢弘の大御心の延長」といい、②の末尾にも、後醍醐天皇の思召《おぼしめし》を体して天壌無窮万世一系のわが国体を擁護しなければならないと述べる。山田には、昭和十六年三月に刊行された『国史に現れた日本精神』（朝日新聞社）なる書もあり、「自序」によると、どうやら二千六百年にあわせて新聞社が企画・依頼したものであるらしい。比較的短い文章二五編をあつめたものである。

一　日本精神とは何か、二　日本精神の考察、三　国体および神道と日本精神、四　神国の使命、五　三種の神器の尊厳、六「しろしめす」の本義、七　天壌無窮の周辺、八　瑞穂国の意義と五穀の種、九　神の御魂と神の出現、十　祓と罪、十一　外来文化の愛用、道教の混入、十二　儒教の功過、十三　仏教渡来より大化改新に及ぶ、十四　天武天皇と古典、十五　祝詞、十六　宣命と中今の思想、十七　仏教の堕落と国体への自覚、十八　仏教の弊を矯むることと日本精神への帰伏、十九　武門および幕府の興亡、二十　武士道、二十一　武備と平和、寛容、慈愛、二十二　文化の進展、二十三　芸術と嗜好、二十四　敬神と国運、二十五　国史は日本精神の展開

各項目のタイトルからもうかがわれるが、また、

わが国の君主は神そのものの嫡流であらせられ、臣民はその支流として生じ、上下一体をもつてこの国を成しつつ生れたものである（中略）国史の上にあらはれた一切の事実は、皆これ日本精神の足跡を示すものであり、国史そのものが日本精神そのものの姿を示してゐる。

という文章も、この書物の性格を明らかに語っている。山田は、ほとんど独学で国語学・国文学・国史学・文献学など広範にわたる研究を成しとげた特異の人である。東北大学教授、神宮皇学館大学長、国史編修院長を歴任、戦後昭和三十二年（一九五七）に文化勲章をうけている。文法の歴史的研究に画期的な業績をあげ、国文学関係でも「堅実な実証主義に基づいた独創的な研究」がある。「国史学関係では『年号読方考証稿』のような基礎的な研究もあるが、『神皇正統記述義』『神道思想史』『平田篤胤』ないし『大日本国体概論』『国学の本義』など、国粋主義を鼓吹したものが多い」と評されている（『国史大辞典』

14 〔吉川弘文館〕「山田孝雄」築島裕稿)。

皇紀二千六百年記念出版として、冨山房は辻善之助監修で『国史辞典』(全八巻)を企画し、昭和十五年二月に第一巻を刊行したが、十八年十二月に第四巻を出したところで中止となった。この辞典では、年号はすべて南朝年号で統一されていた。村田正志は「大日本史料」方式で、南北両朝年号を併記すべきだと主張したが容れられなかったという(「南北朝時代史の研究と懐旧談」下『日本歴史』五七三号)。

地方における二千六百年奉祝記念事業の一端が山中恒《ひさし》『ボクラ少国民』(辺境社)に記載されているが、それには神武天皇聖蹟の顕彰(鹿児島・宮崎・奈良)、郷土史などの編纂(神奈川・奈良・長崎)が含まれていた。たとえば京都市では、『京都市史』の編纂を企図し、編纂主任西田直二郎のもと、柴田実・林屋辰三郎・藤谷俊雄らがいたが、戦後の二十三年(一九四八)正月、市会が市史編纂を否決し、二月に事務局は閉じられ、編纂員は解雇された(林屋辰三郎「戦後の私」『歴史家が語る戦後史と私』吉川弘文館)。のち市史編纂が再開されるのは昭和四十年(一九六五)で、その成果は『京都の歴史』として刊行されている。また、長野県下伊那教育会は、市村咸人《みなと》に委嘱して二千六百年を記念し『信濃宮宗良親王』(十五年九月、信濃毎日新聞社)を出版している。こうした出版物は、県や市、また教育会、新聞社などの主導によりかなり出たものと思われる。

地方では、奉祝舞踊会と称して日本舞踊の会が開かれたり、奉祝武道大会、あるいは皇紀奉祝学芸会（小学校）を催したりした。紙巻煙草の「朝日」と「光」が箱の図柄を新たにして「紀元二千六百年」の文字を入れたのはご愛敬であったが、紀元二千六百年建国祭本部は永田秀次郎の名で各家庭につぎのように呼びかけた。当日は宮城を遥拝《ようはい》し、神社にお詣りをし、各家庭でも神棚を清めて一家揃って国家の安泰を祈れ、「また家庭でのお祝ひを出来るだけ楽《たの》しいものにするため室内に菊の花を飾つて真心こめたお料理で一家が楽く国民として心祝ひをするほか子供の胸にはつきり日本精神を植つけるため歴史の話などを取上げ意義深い一日を送る」ようにというのである（「釧路新聞」）。そして、祝祭が終わると、十一月十五日の日付で、大政翼賛会は、「祝ひ終つた　さあ働かう！」というポスターをつくって全国に配布した。

時代の雰囲気

アリバイとしての序文・跋文

戦争中、アカデミズム史学は三つの方向に分裂したと家永三郎は説く(「大正・昭和の歴史思想」日本思想史研究会編『日本における歴史思想の展開』至文堂)。第一は、平泉澄《ひらいずみきよし》らによって代表されるファシズム史学であり、第二は、実証主義の立場を堅持しながらも序文や跋文などで「『米英撃滅』といった定型的文章を書きのせることにより時局に便乗した」もの、第三は、「実証主義を堅持しつつ、完全に時局に対して沈黙を守り、あくまで便乗を回避しようとした」ものである。

張りめぐらされた警察と軍の監視下で、学的良心を貫くのは至難のことであった。調子に乗り、お先棒をかついだ御用学者は論外であるが、多くの人びとは暴力に屈せざるをえなかったのであり、自己の主張を枉《ま》げざるをえない苦悩を味わった。まして研究成果を書物として刊行しようとすれば、戦時中は用紙の割当て制度が存在し、「不急不用」の著作には紙が貰えなかったのであり、いきおい、心ならずも戦争協力のポーズをとらざるをえなかったことも理解できる。

戦時中、辻善之助監修で「畝傍《うねび》史学叢書」なるものが出された。当時の比較的若い研究者の、研究史上の評価のたかいすぐれた論文が多い。たとえば、竹内理三《りぞう》の『寺領荘園の研究』（昭和十七年一月、畝傍書房）は、荘園研究史上逸すべからざる名著であるが、その「序文」に竹内は「今や満洲国は、建国拾年を迎へんとし、支那事変は四箇年の経過を了《おわ》り、国運未曾有《みぞう》の重大時局のさ中にも、北に南に、皇国の隆昌期して待つべきの秋《とき》に際会し、自ら拾年の足跡を顧みて、甚《はなは》だ忸怩《じくじ》たるものがある」と書いた。

また佐藤進一の『鎌倉幕府訴訟制度の研究』（昭和十八年四月、畝傍書房）は、石井良助の『中世武家不動産訴訟法の研究』（昭和十三年十二月、弘文堂書房）を土台にした研究の成果で、諸訴訟機関に対する管轄権の分配が、当事者の身分を基準としておこなわれたことを明らかにした名著であるとされる（のち岩波書店から再刊）。佐藤はその序文に「今や祖国の振古未曾有の盛業大東亜戦争は、新段階に入らんとしつゝある。その時に当つて、私はこの日本国に生を享け、この聖代に会うた者の無上の栄光を担うて、勇躍入隊する事となつた。この栄光の日を明日に迎へて、ささやかながらも、私にとつては感慨に満ちたこの研究の序文を認め得ることは、まことに一身の至福、喩《たと》ふべきものあるを知らない」と書きつけた。

昭和十九年四月、星野書店から刊行された高瀬重雄編『中世文化史研究』は一三人の論文をあつめたもので、これには、村山修一「中世に於ける神々の勧請」、本田善自「中世に於ける血族信仰の変遷」、清水三男「中世後期に於ける丹波大山荘の生活」、林屋辰三郎「近江須賀神社とその村落」など著名な論文が含まれていた。高瀬の序文は「近時における国史研究の進歩は、まことにめざましいものがある。皇国意識の昂揚《こうよう》と世界の新しき情勢とは、国史把握における歴史観そのものの再検討を要求せずには惜かなかった」という、とってつけたような文章である。

便乗か沈黙か

昭和十七年（一九四二）七月に出版された森谷秀亮『開国より維新へ』（秋津書房）は地味な小冊であるが、執筆の動機は「最近、世上に於て緊迫せる世界情勢、殊には大東亜共栄圏確立の大業に邁進《まいしん》しつつある帝国の重大責務に照し、国史を再検討再編述すべしとの要望がしきりに高まつてゐる事実に鑑《かんが》み、新たなる構成を以《もっ》て維新史を体系づけ」ようとしたものだという。そして「我が歴史の展開は、畢竟《ひっきょう》するところ、不易の国体そのものの具現に外ならずといふべく、肇国《ちょうこく》の大精神は常に国史の全頁を一貫支配し」という、きまり文句がちりばめられている。

同じ年の二月に出た、時野谷《ときのや》常三郎『日本新文化史 12 明治時代』（日本電報通信社）は、明治維新を「肇国の精神に則《のっと》り、旺盛《おうせい》な国民的自覚に基き、鞏固《きょうこ》なる統一国家としての近代日本」を生み出したものと評価し、近代国家としての体制を整備するとともに、列強によるアジア侵略を阻止し「アジアを真のアジアたらしめる自覚をもたらそうとしたもの」であるとし、この「国是の完全な遂行は、引続いて現代の日本に課せられた重大にして且《か》つ光栄ある責務」だと述べ、戦争を意義づけている。

奥野高廣には『皇室御経済史の研究』（昭和十七年三月、畝傍書房）、『皇室御経済史の研究　続編』（昭和十九年六月、中央公論社）なる大著がある。「光輝ある三千年の国史は、皇室を中心として成立し、進展してきた国体の精華である。即ち皇室史は国史の根幹である」と記すように、著者はまぎれもない皇室崇拝者であろう。「奥野高廣謹著」と記されているので戦後「謹著先生」などと揶揄《やゆ》されたりしたらしいが、書物の内容は、史料を博捜した、この分野での好著である。

桑田忠親《ただちか》『日本人の遺言状』（昭和十九年一月、創芸社）は、主として戦国〜江戸初期の人物の遺言状二五通をあつめて解説した啓蒙書であるが、なかなか興味ぶかい。戦時中のことだから、当然といえば当然だが、かなり大仰《おおぎょう》な文章がつけられている。

時局は刻々に緊迫化し、一億国民が火の玉となつて之《これ》に対処すべき秋《とき》が到来しつつある。われわれは、嘗《かつ》てのわが国の戦国時代に生ける人々と同様に、生死の間に立つて、自己の天命を悟り、自己の価値を糺《ただ》し、信念を確かめ、今や、一大決意を敢行すべき立場に在るのである。戦国の世の難局に対処した大名の遺訓は直ちに現時の政治家の時局に対する心構へとなり、武将の遺訓は即ち兵団長や部隊長の戦場に於ける最期の心境を高むべき糧ともなつてくるのではあるまいか。

しかし、戦時中の書物でも、まったく時局的な文言の見えないものも多かった。家永三郎のいう第三の立場である。いま手許にある数冊を見ると、たとえば魚澄惣五郎《うおずみそうごろう》の著作、『日本文化の発達』（昭和十七年、柳原書店）、『手紙の歴史』（昭和十八年、全国書房）、『斑鳩寺と峰相記』（同上）、『大阪郷土史の研究とその史料』（昭和十八年、星野書店）などには時局的発言は見えない。

原田伴彦『中世における都市の研究』（昭和十七年、大日本雄弁会講談社）、小野武夫『日本庄園制史論』（昭和十八年、有斐閣）、岩橋小彌太《こやた》『史料採訪』（昭和十九年、峯文荘）なども同様であるし、小葉田《こばた》淳《あつし》の著作、『中世南島通交貿易史の研究』（昭和十四年、日本評論社）、『中世日支通交貿易史の研究』（昭和十六年、刀江書院）、『日本と金銀島』（昭和十八年、創元社）などにも戦時下を想わせるような文言は見出せないのである。

皇国史観

国体の本義

国民精神文化研究所の設置

昭和五・六年頃、いわゆる学生思想事件がピークに達し、青少年の思想善導問題は緊急の課題となった。六年（一九三一）七月七日、学生思想問題調査委員会の第一回会議が開かれてのち、精力的な会議と作業が続き、翌年五月五日には、文部大臣に答申が提出された。答申は、学生・生徒左傾の原因をつぎのように指摘している。

①貧富の差の拡大、農村の疲弊、労働問題および小作問題の激化、中産階級の没落、卒業後の就職難、政界の腐敗、政治や政党に対する不満、党を組んで目的を達せんとする傾向、共産主義およびその運動に関する認識不足

②プロレタリア文芸、マルキシズム理論の流行、外国思想の模倣、国体に関する理論的研究および国固有文化の研究の不振、マルキシズムの批判的研究の不振
③国体観念に関する研究の不徹底
④現代社会の欠陥をつく「実践的マルキシズム」と左傾運動

これへの対策のひとつが、国民精神文化研究所の設置となる。昭和七年八月である。官制によると、当初の規模は、

所員九人　助手一二人　書記三人

であったが、昭和十七年度には、

所員二二人　助手二〇人　書記六人（いずれも専任のみ）

となっており、人的構成はつぎのごとくであった。

所長＝伊東延吉
所員＝紀平正美《きひらただよし》（哲学科・事業部長）、西田直二郎（歴史科・京大教授）、井上孚麿《いのうえさねまろ》（法政科主任）、山本勝市（経済科主任）、小川義章（思想科・教学官）、小野正康（哲学科）、増田福太郎（法政科）、大串兎代夫《おおぐしとよお》（法政科・教学官）、前田隆一（自然科学科・督学官）、小島威彦（哲学科）、伏見猛弥（教育科主任）、志田延義（国文科主任）、小出孝三

（経済科）、杉靖三郎（自然科学科）、渡辺誠（教育科）、吉田三郎（歴史科・興亜錬成所錬成官）、中村光（歴史科主任）、五十嵐裕宏（哲学科）、山本饒（同）

顧問＝関屋竜吉

研究嘱託＝吉田熊次（教育学・研究部長・東大名誉教授）、西晋一郎（哲学・広島文理大名誉教授）、川合貞一（哲学・慶大教授）、河野省三（神道・国学院大教授）、松本彦次郎（歴史学・東京文理大教授）、久松潜一《せんいち》（国文学・東大教授）、藤沢親雄（政治学・興亜同盟思想局宣伝部長）、加藤虎之亮（儒学・武蔵高校教授）、孫田秀春（法律学）、田中正平（音楽）、田辺尚雄（音楽・国学院大教授）、新関良三《にいぜきりょうぞう》（演劇・学習院教授）、平塚益徳《ますのり》（教育学・広島高師教授）、矢追秀武（実験医学・伝染病研究所技師）、松井元興（科学精神・京大名誉教授）、山田孝雄《よしお》（国語学・神宮皇学館大学長）、橋本進吉（国語学・東大教授）

講師嘱託＝金子大栄《かねこだいえい》（広島文理大教授）、山村清（茶道）、鈴木春視（同）、碧海康温（弓道）、鈴木金吉（同）、吉野房吉（同）

助手＝三木勲（思想科）、利根川東洋（同）、水木惣太郎（法政科）、太田兵三郎（哲学科）、三宅清（国文科）、森昌也（思想科）、堀一郎（哲学科）、坂本稲太郎（教育科）、

阿部秋生（国文科）、田中久夫（歴史科）、守屋美都雄（同）、植松茂（国文学科）、多田淳典（同）

調査嘱託＝泉四郎（思想対策）、西田宏（教育）、中川幸（思想）、滝遼一（音楽）、岸辺成雄（同）、徳沢竜潭（言語学）、石田加都雄（教育政策）、土屋忠雄（同）、久野真二（美術）、荒川清二（国民保健）、船越路子（同）、阿部仁三（教育学）、周郷博《すごうひろし》（同）、河野国雄（神道）、和歌森太郎（国民伝統）

神道大系編纂委員＝宮地直一（東大教授）、阪本広太郎（考証官）、星野輝興（掌典・宮内省祭事課長）

事項嘱託＝加藤竹男（日本文化に関する文献編纂）、広瀬豊（同）、赤松俊秀（同）、次田香澄（同）、松尾拾（同）、萩原竜夫（同）、森末義彰（同）、桑田忠親（同）、野間清六（皇国史編纂に関する資料調査）、橋本公平（日本思想史資料編纂）、西順蔵（宗教）

以上のごとくであるが、整理すると、研究部は、歴史科・国文学科・芸術科・哲学科・教育科・法政科・経済科・自然科学科・思想科の九科に分かれ、そこに所員・研究嘱託・助手・調査嘱託を配したのである。

研究所の精神と事業

所員たちの行動を律したのは「国民精神文化研究所の精神」という「規律」である。

国民精神文化研究所ノ精神

一所員ノ個人トシテノ境地、所員ノ個人トシテノ経歴
一所員ノ研究題目、所員ノ従来ノ研究題目
一科ノ研究目標
一所ノ研究精神
一皇国ノ現状及ビ国際情勢、皇国ノ歴史及ビ世界ノ歴史
一皇道ノ闡明《せんめい》
以上ノ各項ハ所員ノ研究ヲ契機トシテ発展ス
右ハ皇国ノ研究ヲ所員、科、所等ノ観点ヨリ捉ヘタルモノニシテ其ノ内容トスル所ハ、自己ノ発展ソノモノニシテ其ノ究竟スル所ハ皇道信念ノ確立ナリ
一忠誠奉公ノ精神ヲ以テ研究ニ従フベシ
一肇国《ちょうこく》ノ精神ニ則《のっと》リ皇国日新ノ原則ヲ究明スベシ
一学問ハ抽象ニ止マラズ実ヲ以テ之ヲ全ウスベシ

一学問ハ現実ニ即シ現実ヲ指導スルモノタルベシ

久保義三もいうように、「国体史観を唯一絶大の宗派として、それに帰依し、固く信仰に徹する」という、一種宗教団体の戒律のごときものであった（『昭和教育史 上』三一書房）。

国民精神文化研究所には事業部があり、①教員研究科、②研究生指導科、③特別研究科の三科に分かれていた。①は師範学校その他中等学校教員の思想再教育をおこなうものと、高等教員研究科に分かれ、前者は全期を通じて一二一〇名が入所し教育をうけた。後者は三期で計二〇名であった。②は思想的理由で学籍を失った高等教育機関の学生・生徒を転向させるもので、一年以内の期間で個人指導をおこなった。

国民精神文化研究所が編集・編纂した出版物の数は多く、機関誌の『国民精神文化研究所々報』『国民精神文化月報』『国民精神文化』と、研究紀要『大東亜文化研究』『国民精神文化研究』『国民精神文化類輯』『国民精神文化講演集』『国民精神文化文献』などが刊行された。文献は二六種刊行されたが、列記すると、

『松宮観山集』『元寇史料集』『唯一神道法要集』『日本書紀纂疏』『書紀集解』『先聖先賢聖道一轍義』『富士谷御杖集』『山鹿素行集』『三奏本金葉和歌集』『後醍醐天皇宸翰集』

『国史資料集』『日本教育史資料集』『立入宗継文書・川端道喜文書』『グラント将軍との御対話筆記』『日本書紀通証』『国民道徳大意』『藤原惺窩集』『神典翼』『古事記伝略』『日本書紀神代抄』『歴代御製集』『教育勅語渙発関係資料集』『吉見幸和集』『憲法十七条』『後奈良天皇宸記』

などであった。現在でも、結構重宝な史料集として使われる『国史資料集』(全四巻七冊と書目解題)は「文献」の中の一種であるが、史料の選択に時局色は免れない。『立入宗継文書・川端道喜文書』(昭和十二年刊)は禁裡《きんり》御倉職《おくらしき》であった立入氏と、禁裡近くで餅を商った川端氏の伝来文書等を印刷に付したもので、B5判、三二二ページ、図版・写真多数を収めたかなり贅沢な書物である。

国民精神文化研究所は、昭和十八年(一九四三)十一月、国民錬成所と合併して教学錬成所となり、東京都北多摩郡小金井町(現、小金井市小金井公園)に移った。

『国体の本義』の編纂　昭和十二年(一九三七)五月に出版された文部省編『国体の本義』は、A5判、一五六ページ、定価三五銭の小冊子であったが、しかしその果たした役割の大きさは、ただならぬものがあった。本書編纂のねらいは「緒言」に示されている。

今日我が国民の思想の相剋、生活の動揺、文化の混乱は、我等国民がよく西洋思想の本質を徹見すると共に、真に我が国体の本義を体得することによつてのみ解決せらる。

『国体の本義』の編纂過程については、すでに久保義三が『昭和教育史 上』（三一書房）のなかで詳細に説いている。それによると、昭和十一年度予算のなかに「国体ノ本義ニ関スル書冊編纂」費が計上されて、編纂委員や調査嘱託が依嘱され、もしくは命じられた。

〈委員〉

吉田熊次（国民精神文化研究所研究部長・教育学）、紀平正美（同研究所員・哲学）、和辻哲《わつじてつ》郎《ろう》（東大教授・倫理学）、井上孚麿《いのうえさねまろ》（国民精神文化研究所員・法律学）、作田荘一（京大教授・経済学）、黒板勝美（東大名誉教授・国史学）、大塚武松（維新史料編纂官・国史学）、久松潜一（東大教授・国文学）、山田孝雄《よしお》（国文学）、飯島忠夫（学習院教授・漢文学）、藤懸静也（東大教授・美術史）、宮地直一（考証官・神道学）、河野省三（国学院大学長・神道学）、宇井伯寿《ういはくじゅ》（東大教授・仏教学）

〈調査嘱託〉

山本勝市（国民精神文化研究所員・経済学）、大串兎代夫（同研究所員・法律学）、志田延義（同助手・国文学）

〈文部省側〉

小川義章（調査課長・哲学）、近藤寿治（督学官・教育学）、横山俊平（同・心理学）、志水義章（同・社会学）、藤岡継平（図書監修官・国文学）、佐野保太郎（同・国文学）、藤本万治（同・倫理学）

編纂にあたっては、教育現場からの要望や意見を徴し、師範学校・中学校・小学校の教員をよび発言を求めている。

幾度かの草案の作成、修正を経て要綱草案が作られ、昭和十一年七月頃に委員会で各委員の意見を求めた。和辻哲郎、宇井伯寿らは、現代の知識人層が納得できる国体概念の規定を求め、抽象的な叙述ではかえって相対的な見方に陥る危険があると主張した。井上孚麿は、国体史観確立のキー概念となる神勅の扱いについて注意をうながした。

添削改稿が何回か繰り返されたが、実際に筆を執り改稿作業をおこなったのは志田延義で、これに伊東延吉思想局長、小川義章調査課長が修正加筆したといわれている。かくして成った『国体の本義』は、初版二〇万部、再版八万部、三版一〇万部で、昭和十八年十一月末までに実に一七三万部余も発行され、不明確であるが、敗戦時まで、最終的に三〇〇万部ちかい部数が出たのではないかと推測される。これらは、全国の学校や教員、教育・教化施設に配布され、また市販されて普及した。中等学校では副読本的な扱いをうけ、受験、とくに陸海軍の学校を受験する者にとっては必読の書とされた。

『国体の本義』とその解説書

本書の冒頭には、つぎのごとき三ヵ条が掲げられている。

一本書は国体を明徴にし、国民精神を涵養振作《かんようしんさく》すべき刻下の急務に鑑《かんが》みて編纂した。

一我が国体は宏大深遠であつて、本書の叙述がよくその真義を尽くし得ないことを懼《おそ》れる。

一本書に於ける古事記、日本書紀の引用文は、主として古訓古事記、日本書紀通釈の訓に従ひ、又神々の御名は主として日本書紀によつた。

第一条に述べる「国体明徴」云々とは、昭和十年二月の第六十七議会での、美濃部達吉の天皇機関説問題をきっかけにして、その八月と十月の二度にわたり、文部省が「国体明徴声明」を出し、天皇機関説は「国体ノ本義ヲ愆《あやま》ル」ものとした経緯を指す。このような情況のもとで『国体の本義』が作られることになったのである。本書の構成はつぎのごとくであった。

第一　大日本国体――一　肇国、二　聖徳、三　臣節、四　和と「まこと」
第二　国史に於ける国体の顕現――一　国史を一貫する精神、二　国土と国民生活、三　国民性、四　祭祀と道徳、五　国民文化、六　政治・経済・軍事
結語

『国体の本義』の内容を逐一記す必要はないであろう。本文冒頭の数行を引用すれば、その主張を知ることができる。

大日本帝国は、万世一系の天皇皇祖の神勅を奉じて永遠にこれを統治し給ふ。これ、我が万古不易の国体である。而《しか》してこの大義に基づき、一大家族国家として億兆一心聖旨を奉体して、克《よ》く忠孝の美徳を発揮する。これ、我が国体の精華とするところである。この国体は、我が国永遠不変の大本であり、国史を貫いて炳《へい》として輝いてゐる。而してそれは、国家の発展と共に弥々《いよいよ》鞏《かた》く、天壌と共に窮《きわま》るところがない。我等は先づ我が肇国《ちょうこく》の事実の中に、この大本が如何《いか》に生き輝いてゐるかを知らねばならぬ。

『国体の本義』の内容を詳しく解説し補強するために、文部省教学局編で解説叢書なるものが出版されていた。『御歴代の聖徳に就いて』はその一冊で、昭和十五年八月刊。執筆者は辻善之助である。辻は東京大学教授であったが、本書刊行のときには退官していた。

『日本仏教史』（一〇冊）の著述は名高く、のち昭和二十七年（一九五二）には文化勲章をうけている。

『御歴代の聖徳に就いて』は二八人の天皇の「聖徳」を讃えたもので、天皇名を列記すると、桓武《かんむ》、嵯峨《さが》、宇多《うだ》、醍醐《だいご》、一条、後三条、後鳥羽《ごとば》、順徳、後嵯峨、亀山、後宇多、伏見、花園《はなぞの》、後醍醐、後花園、後土御門《ごつちみかど》、後柏原《ごかしわばら》、後奈良、正親町《おおぎまち》、後陽成《ごようぜい》、後水尾《ごみずのお》、後光明《ごこうみょう》、霊元《れいげん》、中御門《なかみかど》、桜町《さくらまち》、桃園《ももぞの》、後桜町、光格《こうかく》の各天皇である。

辻の、記述にあたっての基本的な態度は「はしがき」「結語」に明らかである。辻は、日本民族の特質は「多くの異民族を融合し」「外国文化の融合に長じて居た」点に求められるとする。それはすべて「我が国体の然らしむる所」である。「我が国文化発展の中心は皇室」であり、「文学・芸術・教育・宗教より各般の社会事業に至る迄《まで》、すべて皇室を中心として発展して来た」のである。歴代の天皇は「聖徳を涵養練磨」し、「常にその中枢に立たせられ」たのであるという。「結語」で辻は、「君臣父子の大義」は「二千六百年を通じて一貫せる国体の特長であり精華」であること、「聖徳の欽仰《きんぎょう》すべきものは、枚挙《まいきょ》に遑《いとま》ない」ことを述べている。

『国史概説』の編纂

昭和十六年（一九四一）四月一日の文部省訓令によって、教学局に「臨時国史概説編纂部」が設置され、国体史観に基づく新しい国史概説の編纂をめざすことになった。それは「我国肇国ノ由来ト国体ノ精華及国運進展ノ様相ヲ明徴ナラシメ以テ国民ヲシテ皇国民タルノ信念ト使命ノ自覚ニ資スル」ためのものであった。高等専門学校卒業程度の教養ある者に理解できるものとされたから、大衆向けではない。A５判で上巻は四八〇ページ（昭和十八年八月刊）、下巻は五五四ページ（同年三月刊）の大冊である。約二年で完成にいたったが、その組織も大がかりなものであった。部長は文部省教学局長近藤寿治で、その下に教学官の小川義章、志水義章の二人が直属し、以下、調査嘱託、編纂嘱託、編纂会議員が並ぶ。

調査嘱託＝森山鋭一（法制局長官）、辻善之助（東大名誉教授）、池内宏（同）、穂積重遠（東大教授）、宇井伯寿（同）、中村孝也（同）、宮地直一（同）、竜粛《りようすすむ》（史料編纂官）、和辻哲郎（東大教授）、久松潜一（同）、平泉澄（同）、矢野仁一（京大名誉教授）、田辺元（京大教授）、西田直二郎（同）、牧健二（同）、古田良一（東北大教授）、長沼賢海（九大教授）、河原春作（東京文理大学長）、松本彦次郎（同教授）、栗田元次（広島文理大教授）、山田孝雄（神宮皇学館大学長）、紀平正美（国民精神文化研究所員）、藤井甚太郎（維新史料編纂官）、本庄栄次郎（大阪商科大学長）、藤懸静也、矢代幸雄、河野省三、安岡正篤、板沢武雄、竹岡勝也、肥後和男、魚澄惣五郎、大塚武松、高橋俊乗、福尾猛市郎、時野谷《ときのや》勝《まさる》、藤岡蔵六

編纂会議員＝森山鋭一、辻善之助、和辻哲郎、西田直二郎、河原春作、松本彦次郎、紀平正美、大塚武松〈以下は文部省職員〉藤野恵、永井浩、松尾長蔵、河原謙蔵、堀池英一、有光次郎、清水虎雄、柴沼直、原元助、中村一良、森下真男、小沼洋夫、富海敏夫、坂井誠一

『国史概説』は初版二万五〇〇〇部で、各学校などに配布され、普及版は二〇万部が公刊されたという（久保義三『昭和教育史 上』〈三一書房〉、永原慶二『皇国史観』〈岩波ブックレット〉）。永原も指摘するように、その概説では、民衆の生活や民衆運動については極端に触れるところ少なく、近代の労働運動や小作争議をとりあげることはない。江戸時代の百姓一揆についても、その原因に凶荒・飢饉をあげるのみで政治問題にふれない。また壬申の乱についてはまったくふれず、皇位継承戦争の史実を無視している（長野正『日本近代国家と歴史教育』クリオ）。

『臣民の道』の編纂

太平洋戦争の開始に先立つこと半年、昭和十六年（一九四一）七月に、文部省教学局は『臣民の道』を編纂刊行した。これについても、やはり久保義三の詳しい研究（『昭和教育史 上』三一書房）があるので、これを参考にして述べる。

文部省側の責任者は普及課長志水義章とされている。志水は、昭和十五年十一月に『臣道の実践』要項案」を書いており、その「緒言」には、

「自我功利の思想を排し国家奉仕を第一義とする国民道徳」の確立による世界史的使命の完遂。

と記されている。先に出た『国体の本義』に基づく国民（臣民）の道を明らかにしようとする意図であることが明示される。書名は十二月に『臣民の道』と改称され、十二月十四日、文部省で「国民道徳解説書編纂ニ関スル懇談会」が開かれた。出席者を一覧するとつぎのごとくである。

伊藤賢三（内閣情報局第一部長・海軍少将）、友枝高彦（東京文理大教授）、孫田秀春（東京商大講師）、中島清二（企画院第三部長）、浦部昭（陸軍教育総監部・陸軍中佐）、太田正孝（大政翼賛会政策局長）、松尾長造（文部省図書局長）、紀平正美（国民精神文化研究所事

業部長)、岸田国士（大政翼賛会文化部長)、島峯次（海軍省教育局・海軍大佐)、膳桂之助（全国産業団体聯合会常務理事)、鈴木庫三（内閣情報局情報官・陸軍少佐）

これにつぎの文部省関係者が加わる。

藤野恵（教学局長)、朝比奈策太郎（企画部長)、近藤寿治（指導部長)、中根秀雄（庶務課長)、吉田孝一（企画課長)、剣木亨弘《けんのきとしひろ》（思想課長)、高木覚（指導課長)、志水義章（普及課長)、坂井喚三（教学官)、小川義章（同)、長屋喜一（同)、加藤将之（図書監修官)、山本勝市（国民精神文化研究所員)、大串兎代夫（同)、志田延義（同)、五十嵐裕宏（同）

見るとおり、陸・海軍代表と行政側の人びとによる主導で、文字どおり「国体の本義を臣民に普及滲透させる」役割を担う側の組織であった。

昭和十六年七月にまず三万部が作られて各方面に配布された。その後内閣印刷局から発売されたが、昭和十八年末までに九五万部を刊行、これを解説した書物は一四七万部余も出版されたという。『臣民の道』は、

皇国臣民の道は、国体に淵源《えんげん》し、天壌無窮《てんじょうむきゅう》の皇運を扶翼《ふよく》し奉《たてまつ》るにある。それは抽象的規範にあらずして、歴史的なる日常実践の道であり、国民のあらゆる生活、活動は、すべてこれ偏《ひと》へに皇基を振起し奉ることに帰するのである。

との序言に始まる。

第一章　世界新秩序の建設――一　世界史の転換、二　新秩序の建設、三　国防国家体制の確立

第二章　国体と臣民の道――一　国体、二　臣民の道、三　祖先の遺風

第三章　臣民の道の実践――一　皇国臣民としての修練、二　国民生活――結語

その内容は一々記述するまでもないであろう。第一章は、まず世界史を概観し、列強の圧力からアジアを解放するのがわが国の使命であると説く。日露戦争以後「支那事変」までのわが国の行動は世界新秩序建設のための戦いであり、その完遂のために国防国家体制を確立しなければならないという。そして、第二章では国体と臣民の道を説き、第三章ではその実践をうながすのである。

『臣民の道』の解説書

『臣民の道』については、解説書や註解書が多く出版された。いま手許にある朝日新聞社発行のものを見ると、解題は久松潜一（東大教授）と志田延義（国民精神文化研究所員）、註解は高須芳次郎で、A5判、一〇二ページの冊子である。初版は昭和十六年八月十五日、定価は三〇銭。註解者高須には『水戸学派の尊皇及び経綸』（雄山閣出版）や『近世日本儒学史』（越後屋書店）などの著書がある。

「国民学校上級生より中等学校一、二年生程度の少国民の自修教養にも資する様註解を施した」という。巻末に「参考文献」が列記されているが、歴史関係の書を拾ってみると、つぎのごとくである。

辻善之助『皇室と日本精神』、宮地直一『神祇史要綱』、河野省三『日本精神発達史』、黒板勝美『国体新論』『国史概説』、中村直勝『天皇と国史の進展』、植木直一郎『国史と日本精神』、清原貞雄『日本国民思想史』、村岡典嗣『日本思想史研究』、肥後和男『日本神話』、高坂正顕『歴史的世界』、田辺元『歴史的現実』、平泉澄『我が歴史観』、吉田三郎『日本建設史論』、文部省『師範歴史』、今村文英『日本史精義』、松井等『東洋史概説』、矢野仁一『東洋史大綱』、秋山謙蔵『日支交渉史研究』『歴史の前進』、大川周明『日本精神研究』

平泉澄とその門下

平泉澄の歴史観

一世を風靡《ふうび》した平泉澄《ひらいずみきよし》の歴史学がクローチェ（Benedetto Croce, 1866–1952）から大きな影響をうけていたものだとは、大隅和雄の書物から知った（『中世思想史への構想』名著刊行会）。しかも、志向するところは異なるものの、平泉と羽仁五郎がともにクローチェの徒であることを大隅から教えられて、私は一瞬たじろいだ。国粋主義者の平泉と、マルクス主義者の羽仁とが、クローチェという共通項を持つなどとは考えてもみなかったからである。また、松尾章一の『日本ファシズム史論』（法政大学出版局）によって、若き平泉をとりまく学問的風潮、環境について再認識し、教えられるところが多かった。

平泉澄およびその門弟たちの歴史観は「皇国史観」と称される。定義的にいえば、皇国史観とは「日本国は皇国であると考え、日本の歴史を皇国の歴史として捉える歴史観」である。その「皇国」とは、天照大神を皇祖とする万世一系の天皇が統治する国をいう。とくに国家主義的な政治・社会体制が強化された段階で、西欧の近代的な歴史思想を排除し、国体を宣揚する歴史観であり、その運動の中心となり指導的役割を果たしたのが平泉澄であったとみられている。

平泉は明治二十八年(一八九五)二月、福井県の白山神社祠官の家に生まれた。大正七年(一九一八)東京帝国大学文科大学国史学科を卒業し、同十五年母校の助教授となり、昭和五年(一九三〇)三月から翌年七月まで、ドイツ、オーストリア、イタリア、フランス、イギリスを歴訪し、同十年教授となった。かれの学位論文となった『中世に於ける社寺と社会との関係』(大正十五年、至文堂)は、西欧における中世史研究の動向をも視野に入れた斬新な学風を示すものとして注目をあつめたという(『日本史大事典』5「平泉澄」大隅和雄稿)。平泉の考え方は、右の書の「序」に明らかに記されている。

いふまでもなく学としての歴史は、一般化的法則を求むるものにあらずして、個別なもの特殊なものを叙述すべきである。

また同年に出版された『我が歴史観』（至文堂）は、明治以来の学風は、往々にして実を詮索して能事了《おわ》れりとした。所謂《いわゆる》科学的研究これである。その研究法は分析である。分析は解体である。解体は死である。之《これ》に反して真を求むるは綜合である。綜合は生である。而《しか》してそは科学よりはむしろ芸術であり、更に究竟すれば信仰である。（中略）歴史を生かすものは、その歴史を継承し、その歴史の信に生くる人の、奇《く》しき霊魂の力である。この霊魂の力によつて、実は真となる。歴史家の求むる所は、かくの如き真でなければならない。

と記している。平泉の歴史観は、かくして明らかなように、歴史は芸術であり信仰であるとし、科学としての歴史学を否定する。「平泉氏の歴史観は、平板素朴な精神主義的歴史観であり、きわめて唯我独尊的な歴史観である。それ故にこそまさに、日本ファシズムをささえる歴史観となりえた」のである（松尾前掲書）。

平泉澄の言動　戦局の進展とともに、平泉の発言のボルテージがあがってくる。

（大東亜戦争の花々しき戦勝）皇軍のかくの如き見事なる戦果は、決して偶然に得られたものではなく、其《そ》の基づく所は、極めて深く且《かつ》遠いもの之《これ》を一言にして申しますならば、それは実に国体に基づくと申してよいのであります。而して其の国体は、いふまでもなく遠き神代に淵源を発し、御歴代天皇の聖徳によつて益々光を増し、歴世忠臣の至誠によつて護持せられて来たのでありますからして、我等今日の戦勝を喜ぶ者は、之を喜ぶと同時に深き感激を遠き古《いにしえ》に捧げなければならないのであります。（『順徳天皇を仰ぎ奉る』昭和十七年）

大久保利謙《としあき》は、平泉史学は東大国史科の文化史派の先駆けであって、「精神史」「精神生活」という新しい概念を導入して、綜合的に歴史をとらえようとした、『中世に於ける社寺と社会との関係』や『中世に於ける精神生活』は大正文化史の産物であって、国史学界に新しい問題を投じたと評価し、豊田武の座の研究や秋山謙蔵の活躍などはその影響を蒙ったものだと述べている（「私の近代史研究」『日本歴史』四〇三号）。

平泉の言動については、多くの人びとの証言がある。昭和のはじめ学生だった中村吉治《きちじ》は、平泉の自宅で卒業論文の計画を問われ、漠然と戦国時代のことをやるつもりだと答えると、平泉は「百姓に歴史がありますか」と反問したという。意表をつかれた中村が沈黙していると、平泉はさらに「豚に歴史がありますか」といったという（『老閑堂追憶記』刀水書房）。また昭和十八年、学生の研究発表の場で、「豊臣秀吉の税制」を発表した斎藤正一《しょういち》は、「君の考え方は対立的で、国民が一億一心となって大東亜戦争を戦っている時、国策に対する反逆である」と決めつけられ、大目玉をくった。そのうえ、参考文献について尋ねられ、研究室に備えられている社会経済史関係の雑誌を挙げたところ、そのようなものを読んでは駄目だと断言され、副手の名越時正を呼びつけ、これら雑誌は有害であるから撤去せよと命じられたという（『庄内藩』吉川弘文館）。

平泉の帰朝

さきにふれたように、平泉の歴史観が、ヨーロッパ留学後急変したということではなかったが、迎えた学生、同僚たちの眼には急激な変化と映ったようである。豊田武は「昭和六年七月九日、平泉先生が帰朝せられた。先生の考えがにわかに国粋主義となられる。『日蓮とサボナローラ』といった話が講義にも出てくる。研究室の粛清がはじまり、副手の遠藤元男君が交代するなど、あっけにとられる」と回想している（豊田武先生古稀記念会『一歴史家の歩み』）。

僕らの時は、平泉さんの帰りたてで、いきおい入れこんだわけです。我々が入ってすぐの一年生の時に与えられた演習が『神皇正統記《じんのうしようとうき》』。「大日本は神国なり」と書いてあるでしょう。本当に驚いた。それで北畠親房《きたばたけちかふさ》、いや「親房卿」（笑）と言わないと叱られた。（沼田次郎「近世対外関係史研究の軌跡 上」『日本歴史』五五四号）

日本史関係のものにとって、とくに印象に残るのは、一九三一年、満洲事変の勃発前後の頃、平泉澄氏が洋行を中途で切りあげて帰ってきたことだった。本郷三丁目の交叉点の東大寄りにあった明治製菓で帰朝歓迎会がもたれた。席上、彼はこう宣言した。「日本人は外国で非常に馬鹿にされている。それに対抗する道は一つしかない。〝大和魂を磨け〟この一語につきる」と。これは平泉氏が皇国史観へ転換する明確な宣言であったといえよう。

とは、石井孝の回想である（『歴史学研究　戦前期復刻版』月報「第3巻解題—皇国史観への抵抗—」）。また、北山茂夫はつぎのように述べている。

平泉澄がドイツから帰ったのは一九三一年であるが、かれの思想は、ヨーロッパの不安と動乱に触れて、ますます右傾した。のみならず、かれは政治的意味において、行動的になった。（「日本近代史学の発展」岩波講座『日本歴史 22』別巻一）

平泉の帰国を迎えた黒板勝美は「自分の大事な弟子が帰ってきたと、よろこんで学生に紹介した」。ところが「しばらくたったら、黒板さんの意にかなわないことばかり言うんで、急にもう嫌になっちゃった。黒板さんが平泉さんを急に嫌いになったのね、またあれも極端。——しかし、黒板さん、口を極めて平泉先生の悪口を言っていましたね」と玉村竹二は述べる（「禅宗史研究六十年　上」『日本歴史』五二六号）。

平泉澄とその門弟

昭和九年（一九三四）東京大学に入学した家永三郎は、平泉の講義をうけて、その「極端な日本主義には、到底ついて行くことができなかった」といい、

たとえば先生は「君《きみ》」というのは天皇に対してだけ使う言葉であり、それ以外に使うべきではないと説かれた。何々君《くん》というような用語をいっさい使わず、学生に向かって「誰々さん」といわれた。北畠親房とか楠木正成《くすのきまさしげ》の名前を口にするときには、必ずその下に「公」をつけて呼ばなければならず、山崎闇斎《あんさい》や平田篤胤《あつたね》などの名を呼ぶ場合には「先生」という敬語をつけなければならなかった。これは大きなオドロキであった。

と述べている（『一歴史学者の歩み』三省堂）。

「君」「さん」については永原慶二の証言があり（『皇国史観』岩波ブックレット）、林勉も「平泉派の先輩は、『さん』付けは軟弱だ、『君』は天皇を指すと私を『林氏』と呼んだ」と述べている。また林は、「『大日本史の三大特筆は？』」と尋ねられた。第一南朝正統、第二に神功を除き弘文を入れたことをいっしょにした。第三に歴史を神武から始めた科学性、といったら一喝された」という（東大十八史会編『学徒出陣の記録』中公新書）。

永原は、学生の月例研究会で国学の問題を研究発表したが、その「タネ本は羽仁五郎氏の『国学の誕生』『国学の限界』という連作論文であった」「ところが同席した平泉教授は散会後ただちに私をよびとめ、あのような論文はよくないから読まぬ方がよいと厳粛な顔つきで私をいましめた」という。また田中健夫は、「社会経済史なんかやりますと、先生はご機嫌が悪い。それから思想史といっても勤皇の思想を研究するのが思想史であって、仏教思想や何かのことでないわけで、すべて勤皇ということが基準になるのです」と回想している（「戦後の中世対外関係史研究 上」『日本歴史』五八六号）。

平泉門下の人びとの団体に朱光会なるものがあり、平田俊春、村尾次郎、名越時正といった人びとが中心メンバーであった。田中は「山口康助さん（＝田中は新潟高等学校で山口と同期）の下宿で集まりがあるということで覗きましたところ、居合わせた人たちが先生の本を頭の上におしいただいて勉強しているのを見まして、これはとってもついていけない」と思ったという。

山根幸夫は、中学生の頃から日本史を研究したいという希望を持っていたが、姫路高等学校の生徒のとき「朱光会々員の東大生（国史学科）が私の高校にまで遊説にやってきてた。それ故、国史学科へ進むことは到底できないと考え」東洋史を選択したという（『過ぎ来し方』燎原書房）。第一高等学校生徒だった直木孝次郎が東京大学を避けて京都大学を選んだのも、藤木邦彦の助言によるものだったという。

平泉澄の社会的影響力

平泉澄が、政界・軍・警察にも大きな影響力を持ったことは、松尾章一が『日本ファシズム史論』（法政大学出版局）に述べるとおりである。昭和十八年（一九四三）八月、教育総監部から、下級将校のための日常軍隊教育の参考として配布された『皇軍史』に平泉史学の影響が見られるという。また、護雅夫の証言によると、予備学生として海軍兵学校で教育をうけていた護雅夫、村上健蔵、藤岡次郎らは、午前中は教育をうけ、午後は生徒に対する普通学の講義を担当したが、

教材として平泉澄著『皇国護持の道』を使わせられたが、そのほかに、文官教授たちの編集した教科書もあったように記憶する。何《いず》れにせよ、神話からはじまる戦前・戦中の国史教科書に、楠正成父子そのほかに「愛国者」たちの事蹟をとくに強調して列挙、付加したものであったが、とくに、建武中興《けんむのちゅうこう》、『神皇正統記』、山崎闇斎、吉田松陰などに重点がおかれ、そこに一貫して流れるのは、皇国史観、天壌無窮史観であった。歴史科の文官教授のなかには、伊東隆夫氏（広島大学名誉教授、東洋史）や糸曾義夫氏（前明治大学教授、西洋史）のような方もおられはしたものの、平泉澄氏の

門下生が少なくなかった。また時々、平泉氏が招かれて、将校集会所で、教官たちに講義されることもあった。

という（神田信夫・山根幸夫編『戦中戦後に青春を生きて』山川出版）。また、松尾章一によると、三重県下の警察幹部修練講習会のテキストには、平泉の『万物流転』『日本精神』『中世に於ける国体観念』『北畠顕家公を偲ぶ』などが使用されたという。

家永三郎が「天壌無窮の神勅文の成立について」と題する論文を『歴史地理』に投稿したところ、改題を求められ、「日本書紀一書所載神勅文の成立について」と改めて再提出したが、結局校正刷のまま葬られ掲載されなかったという。史料編纂所の先輩からは「君は不敬論文を書いたそうだね」といわれ、「そんなことをやらなくても、ほかに研究することはいくらもある」ともいわれたという。また、家永は「昭和十七、八年ごろになると、生徒（＝新潟高等学校）の中から西暦を使うのをやめてくれと要求する者の現われたのには驚いた」とも書いている（『一歴史学者の歩み』三省堂）。

平田俊春『吉野時代の研究』

この書物は、昭和十八年（一九四三）三月、山一書房から刊行された。表紙裏に「著者略歴」がある。出版社側で用意した文章のようである。それによると、平田は富山県の出身で、昭和九年東京帝国大学文学部国史学科を卒業、同年四月から十五年八月まで副手・助手をつとめ、同年九月から佐賀高等学校教授となった。「平泉澄博士の門下として、左傾思想横行の時代より夙《つと》に皇国史観を唱道して、学界の革新、国体の護持に苦闘し来った少壮の学者である」と紹介されている。

本書には、男爵菊池武夫の題字と、平泉澄の「序」が付されている。菊池は陸軍中将で貴族院議員。昭和十年二月十八日、第六十七通常議会の貴族院本会議の質疑で美濃部達吉の著作をとりあげて糾弾し、いわゆる天皇機関説問題の発端をつくった国体明徴運動の中心人物である。平泉は「序」で、

十年前までは、自由主義の潮流激しく漲《みなぎ》り、加ふるにマルキシズムの風烈しく吹き荒《すさ》んで、時には暗澹晦冥《あんたんかいめい》の状さへ呈したのであつたが、その中に於いて幾多の苦難を凌《しの》ぎ、一筋に国体の大義を明かにしようとして来た学士の純情は、之《これ》を知る者の回想して感慨やまざる所である。

と述べている。平田の「自序」は、「建武中興の御理想と吉野の忠臣の御事蹟を再び仰ぎ奉ることの意義極めて大なるを覚え、大楠公七生報国の誓に因み、三部廿一篇の論攷を訂補して本書を成した次第である」と述べる。本書の内容は、つぎのごとくである。

第一部　皇室篇――一　建武中興、二　後醍醐天皇の御諡号《ごしごう》、三　後醍醐天皇の御宏図《ごこうと》と諸皇子の御活動、四　宗良親王の御終焉㈠、五　宗良親王の御終焉㈡、六　吉野時代の原理
第二部　臣民篇――七　新田公の挙兵、八　大楠公の戦死、九　菊池武時公と大智禅師、一〇　新田義貞と足利高氏、一一　吉田定房㈠、一二　吉田定房㈡、一三　北畠顕家《あきいえ》公の戦死地と墓地、一四　建武の勇士本間孫四郎、一五　叡山の勤皇と道場坊祐覚、一六　金崎落城と由良・長浜両公
第三部　文献篇――一七　吾妻鏡と六代勝事記、一八　増鏡の成立、一九　神皇正統記の成立、二〇　太平記の成立、二一　太平記の復活
平田の基本姿勢は、きわめて明確である。わが国の政治のあり方は「天皇親政」にあり、これが尺度である。したがって「蘇我氏一時専擅《せんせん》を恣《ほし》いまゝに致しましたので、天智天皇之《これ》を誅《ちゅう》し給ひ、大化改新を断行遊ばされたのであります。かくて再び国体に基づく正しい政治体制に帰り」ということになり、醍醐・村上天皇のときは、よく藤原氏を抑えて「国体に基く政治が顕現され」たとする。いわゆる摂関政治や院政は、天皇をないがしろにするものであり、「天皇統治を根本とする我が国体の上から論じて、全くあるべからざるこ

とであります」となる。後醍醐天皇は、米価の安定をはかったり、新関を廃止したり、酒造を制限したり「国民生活の安定」に意を用いたにもかかわらず、「当時の国民は、多く未だ国体をわきまへず、大義を知らず」新政治は「わづか三年にして」破れたのであると。

国史を貫く精神

「南北朝」の呼称について、『大日本史料』*第六篇をはじめ、久米邦武（『大日本時代史　南北朝』）、田中義成《よしなり》（『南北朝時代史』）、魚澄惣五郎（『綜合日本史大系　南北朝』）、中村直勝（『日本文化史　南北朝』、のちの『日本新文化史』〔昭和十七年〕では「吉野朝」と改められた）らの書がこれを用いていることを、平田は非難する。平田はいう。「田中博士が斯《か》かる重大な誤に陥られた根本原因は歴史の研究に於いて単なる事実のみ重く見られて、ために大義名分を軽んずるに至つたことによるのであります」と。

「足利高氏は史上に於いて類少い逆臣であり、恩義を知らざる禽獣《きんじゅう》にも等しき人間なることは、今日三歳の童子と雖《いえど》もよく知つてゐることであります」といい、「吉野朝」正統の根拠は、平田によると、①「大義名分に基いて正統の朝廷であらせられる」、②「吉野の朝廷が絶対に所謂《いわゆる》『北朝』を御認めにならなかつた歴史的事実」によるという。このような論理がまかり通ったとは笑止のいたりであるが、戦中・戦前には不思議とも思われなかったのである。
楠木正成《くすのきまさしげ》の死について、正成ははじめから討死を覚悟して湊川《みなとがわ》に出陣したか否か、もし討死の決心がなかったとすると、その死はただの死となり、意義うすいものとなる。したがって「それは単に楠公に関する一史実に止まる問題ではなく、我が国民道徳の上に、又端的には教育上に、非常に重大な事柄である」と平田は述べ、菊池武朝状と、武朝の曾祖父武時討死の際の状況を「傍証」として、「楠公は湊川出陣前、すでに討死を決心されてゐたことを断じうるのである」と記し、「現今の学界に於いて、太平記の史的価値の極めて貴重なことが決定的に認められてゐる」とし、あわせて、正成の討死覚悟の出陣の証とした。

湊川における正成の行動を非難するのは「支那思想、西洋思想に心酔し『国体君臣ノ大義』を没却し、日本人の道を忘れたのによるのである。かくの如くして万巻の書を読み、等身の研究を積むとも『益ナクシテ、害アリ』、況《いわ》んや外国思想に立場を置き、日本の道を蹂躙《じゆうりん》するに至つては、腐儒《ふじゆ》と云はれ、学匪《がくひ》と罵《ののし》らるゝも詮ないであらう」「今や光栄ある皇紀二千六百年を迎ふるに当り、史家たるもの、否日本人たるものは、ここに反省懺悔、以て国史を貫く精神、此の日本人の大義を明かにし、国体護持のために進むべきではないか」と説く。

以上のような平田の書物について、小沢栄一の書評がある（『史潮』第十三年一号）。「国基護持のわれら日本人の魂の、祖先に於ける歴史的な在り方を自覚することこそ、われらの今日の生き方を更に振起する所以《ゆえん》である。忠は神代以来万古一すぢ、その歴史的具体的内容といふが如きは自明のことであるとしても、逆にまた国民の利己心などといふものは、これはいつの世にも存在して頽廃と滅相の根因となつてゐるもの、その抽象的な指摘でなしに、歴史的性格を剔抉《てっけつ》することはまた史家の一つの仕事たるを失はない」と、小沢はひかえめに述べているが、平田の弱点を鋭くついている。時空を超えて、過去の歴史的な事象に道徳的規準を求めようとすることの危うさを小沢は指摘しているのである。

＊　東京大学史料編纂所では、戦時中も「南北朝時代」と呼んでおり、『大日本史料』の第六編は、南北両朝の年号を併記する方式をとっている。これについて昭和十二年、平泉澄とその門弟たちが攻撃を加え、宮内省の芝葛盛も「明治天皇の勅裁に反する」として、吉野朝年号に統一すべきだとした。村田正志・松本周二・鷲尾順敬の三人で協議したがまとまらず、所長の辻善之助の判断で、編纂は続けるが出版は保留するとして、第六編は二十八で刊行をストップした。第二十九は戦後刊行された（村田正志「南北朝時代史の研究と懐旧談　下」『日本歴史』五七三号）。

建武中興

建武中興六百年記念

昭和九年（一九三四）は、建武《けんむ》元年から六〇〇年に当たるというので、「建武中興」を記念する行事がおこなわれ、それに引き続いて各地方の関連の催しや記念誌の発行が見られた。

建武中興六百年記念会なるものが組織された。会長の有馬良橘《りょうきつ》は海軍大将で、日露戦争のとき、旅順港閉塞作戦を起案した人物である。予備役編入後、昭和六年に明治神宮宮司、枢密顧問官となった。昭和九年当時の肩書はこれだったと思われる。会は国学院に置かれていたらしい。その記念会が編纂したのが『建武中興』（昭和九年二月）である。

平泉澄《ひらいずみきよし》の「日本中興」、黒板勝美の「後醍醐天皇御中興の聖業を偲び奉る」、宮地直一の「神事興行と建武中興」の三編を収める。全二一七ページのうち、平泉の文章が一七七ページに及ぶ。黒板のは七ページの小編、宮地の文章は三一ページである。

黒板の文章は、建武中興政治が失敗に帰したことについて、それをもって後醍醐天皇の政治を非難する者あるは「我が神聖なる国体に対して徹底した思想の欠如せる為めである」という。後醍醐の理想を実現しようとした（妥協のない）姿勢が、中興政治の失敗を招いたが、それは却《かえ》って、後世の人びとに国体の正しい姿を教えることになり、はるかのち明治維新となって実を結んだのであると述べる。いかにも苦しい文章で、黒板が本心そう考えていたとするならば、かれの史家としての資質を疑わざるをえないだろう。

宮地の文章は、「神国日本として神事尊重の精神が、建国以来朝政の基調とせられ、之《これ》によつて皇国百般の政治の行はれたことは、今更いふまでもない」という部分を読むだけで推測はつこうというものである。

平泉は多弁である。議論は律令国家から明治維新に及ぶ。建武中興の原因について、幕府衰亡説を批判し、「建武中興の原因としては、幕府の衰微をあぐべきでは断じてない。幕府が盛大であらうが、衰微してゐやうが、それは問題の外に在る。問題は幕府の存在が国体と矛盾するか否かの一点に存するのである」といい、（つぎに）「両統迭立《りょうとうてつりつ》」の件から説明する学説に対しては、多くの史料を掲げて通説を批判する。

平泉は、建武中興の精神は承久《じょうきゅう》の変の精神と共通するものであり、決して後醍醐の私情に出ずるものでないと強調し、中興の事業は周密なる計画に基づいてたてられ、「それは日本をして真の日本たらしめんとする大理想の下に」おこなわれたものであるという。「建武中興六百年」を記念する事業は多くおこなわれ、郷土勤皇の士の顕彰がおこなわれたのではないかと思われる。神宮皇学館大学内に置かれた神宮祠官勤皇顕彰会による『建武中興の神宮祠官の勤王』なる書もそのひとつであった。神宮祠官村松行家と檜垣常昌の事蹟を顕彰したものである。

吉野朝の顕彰

明治四十三年（一九一〇）発行の『尋常小学日本歴史』の教師用書が、南北両朝併記の立場をとっていたので問題とされ、大阪府選出の代議士藤沢元造が文部省の見解を質す趣意書を提出した。文部大臣小松原英太郎は、文部省の責任で教科書の改訂をおこなう旨約し、いちおう事はおさまった。しかし、野党の立憲国民党は閣僚の責任を追及する決議案を提出するなど、政治問題化し、教科書の執筆者喜田貞吉《きたさだきち》は休職処分とされ、教科書の記述は「南北朝」から「吉野の朝廷」に書き換えられた（上田正昭『喜田貞吉』講談社）。昭和期の小学校の教科書では「吉野朝」という表現は見られないが、『初等科国史』の教師用書は「吉野時代」「吉野朝廷」の語を用いている。

木村武夫『後村上天皇の聖蹟』（昭和十八年、柳原書店）は、昭和十三年（一九三八）に刊行された大阪府史蹟名勝天然記念物調査報告書第九輯『大阪府下に於ける後村上天皇の御聖蹟』を改訂増補したもので、「後村上天皇を偲《しの》び奉る」「後村上天皇と吉野地方」「正平七年の男山行幸」「天野の行宮《あんぐう》」「檜尾山観心寺」「吉野時代に於ける四天王寺」「後村上天皇住吉行宮阯の研究」「埋れたる聖蹟荘厳浄土寺について」「後村上天皇御製集」などよりなる。

斎藤秀平『吉野朝の越後勤王党』（昭和十三年、新潟郷土博物館）は、「抑々《そもそも》国史は国民精神の母体なり、故に先徳の史実を闡明《せんめい》にして其《そ》の功業を発揚するは、則《すなわ》ち是《こ》れ後生の志気を策励する所以《ゆえん》の道にして、蓋《けだ》し史家の一責務たるを信ず」（序）と述べる。内容は、本文に「考証資料」を掲げた、良心的な著述である。

横井金男著『北畠親房文書輯考』（昭和十七年、大日本百科全書刊行会）は、親房関連の文書を年代順に配列し解説を加えたもので、イデオロギーは表面に出さず、きわめて穏当な書である。

中村直勝《なおかつ》『北畠親房』（昭和十二年、北海出版社）は一般向けの伝記であるが、「日本教育家文庫11」とあるように、教育上の観点から人物を描く。「皇室中心の思想にしても、国史尊重の思想にしても、正閏の思想にしても、日本独自の立場を求めんとする考へ方にしても、一君万民の崇高極りなき国体を認識尊重せんとする考へ方にしても、所謂『国民思想』の大部分は、公の神皇正統記から発条するものではないか」「公の思想こそは日本精神の淵藪《えんそう》であり、培養床であり、母胎であり、醗酵素でもあつた」という。

千々和実《ちじわみのる》『新田義貞公根本史料』㊀（昭和十七年、群馬県教育会）は、義貞顕彰のために企画したものであったが、千々和は、大日本史料の体裁に倣《なら》って関係史料を編年している。はじめに「新田義貞公略伝」「新田義貞公観の是正」の二篇がある。関係史料を網羅し、現在でも有用である。

新田義貞六百年大祭

延元三年（一三三八）閏七月二日、新田義貞《にったよしさだ》戦死から六〇〇年、昭和十三年（一九三八）がその年に当たるのを記念して大祭がおこなわれた。その記録が、天野千春編『新田義貞公六百年大祭記念録』（昭和十五年正月、別格官幣社藤島神社社務所）である。奉賛会は昭和十年十二月に発足し、近藤駿介県知事から発表されたが、実施にあたったのは十二年十一月新任した中野与吉郎知事であった。

会長は知事、副会長は福井市長と県学務部長で、名誉総裁に徳川家達《いえさと》（公爵）、総裁松平康昌（侯爵）、副総裁松平慶民（子爵）、顧問に岡田啓介、加藤寛治、有馬良橘、新田義美（男爵）、山本条太郎、大谷登、加藤充一。評議員は名ばかりであろうが、実に七四四人を列ねる。その中に、蘆田伊人、上田三平、河野省三、黒板勝美、田沢義鋪、中村孝也、平泉澄、宮地直一の名も見える。

会の宣伝には、ポスター五〇〇〇枚を県内外に貼《は》ったが、とくに名古屋鉄道局を通じて全国の主要駅に無料で掲示したポスターは、「国民精神総動員」の文字と「名古屋鉄道局」名を入れた特製ポスターで、五〇〇枚であった。タバコに宣伝カードを入れた。福井駅前には広告塔をたて、立看板は二〇枚、福井駅構内に行灯《あんどん》四個、提灯《ちょうちん》四〇個、ハンガー式看板一枚をとりつけた。記念スタンプを、神社、県庁、市役所、福井駅などに置いた。

十三年五月十六日付で、宮内省から祭粢《さいし》料金一封が下賜された旨通知があり、また秩父宮家以下各宮家から幣帛《へいはく》料が寄附された。事業の費用は、県の支出が一五〇〇円、市から一〇〇〇円、個人や団体の寄附金が五万一〇〇〇円、ほかに宝物庫建設費として寄附金六〇〇〇円があった。

大祭は、五月二十日神幸祭、二十一日還幸祭、二十二日奉祝大祭、二十三日奉祝祭、二十四日後祭――の次第でおこなわれた。献詠、献華、献茶、奉納能楽、奉納剣舞、奉納琵琶演奏、奉納舞踊、武道大会、弓道大会、野球大会、学童相撲大会、運動競技会、青年大会、女子青年団大会、展覧会、記念講演会などがおこなわれた。写真によると、藤島神社の大鳥居に、右に「御祭神六百年大祭」、左に「国民精神総動員」の立看板がたてかけられていた。

記念講演では、平泉澄が「新田公の精神」と題して述べ、大山卯次郎が「支那事変を巡る国際情勢と国民の覚悟」と題して話をした。なお、平泉は青年大会で「義烈の精神」を、夜には福井放送局から「新田義貞公を偲びて」と題して放送した。記念出版は、一は藤田精一『新田氏研究』であり、ほかは平泉澄『新田義貞公を偲ぶ』（四六判、八〇ページ）と題する小冊子である。

『梅松論』と『太平記』

昭和十三年（一九三八）の『歴史公論』十月号は、史料研究の方法の特集号であったが、翌年五月、装いを改めて『史料研究の実例と其方法』（雄山閣出版）として、単行本として発売された。

辻善之助「史料の使ひ方」、入田整三（金石文）、馬杉太郎（日記）、秋山謙蔵（国文学）、宮井義雄（口碑・伝説）、以下、家永三郎（日本書紀）、肥後和男（古事記）、高木成助（新撰姓氏録）、鑑山猛《かがみやまたけし》（三代実録）、田名網宏《たなあみひろし》（続日本紀）、遠藤元男（将門記）、藤田寛雅《かんが》（扶桑略記）、平田俊春（今昔物語・大鏡）、橋本実（吾妻鏡）、圭室諦成《たまむろたいじょう》（古今目録抄）、松本周二（神道五部書）、高木武（平家物語）、中村直勝（増鏡）、橋本徳太郎（梅松論）、関敦（神皇正統記）、芝葛盛《しばかずもり》（新葉和歌集）、西田長男（御流神道印信集）、河野省三（唯一神道法要集）、中村光（樵談治要）、多賀谷健一（信長記）、宮沢清（甲陽軍鑑）、西垣国重（慶長見聞集）、小木曾福也（日本見聞録）、北島正元（読史余論）、瀬谷義彦（藤田幽谷「封事」）、吉田三郎（日本外史）、鈴木俊（支那史料）

などを収める。

企画の性質上、執筆者の信奉するイデオロギーなどは表面にあらわれることは少ない。ところが、中に一編すこぶる個性的な文章がある。橋本徳太郎「足利高氏の人物について──梅松論研究の方法と其実例──」である。橋本の肩書は「東京楠公会史料調査部長」とある。かれの史観はつぎの文章に示される。

漫然たる事実のみを以てする哲学史観は悪魔主義である。我等は事実以前に国体と民族を見なければならぬ。梅松論は其《その》意味に於て日本の唯一罪悪史としてのみ存在が容《ゆる》さるゝ。（中略）太平記が一般的読物として戦記を主とし思想方面が従たるに連れ、更に神皇正統記が加はつて、南朝の尊厳性を高唱して居るのに対し、梅松論は、戦記の部分に於て悉《ことごと》く足利方を弁護し、思想方面に於ては仏教々理に言を藉《か》りて、自分達に都合のよいやうに歪曲《わいきょく》して居るのであつて、戦記に於ては太平記の敵でなく、思想の叙説については、仏者の勝手、所詮《しょせん》日本的たり得ないのである。

　太平洋戦争さなかになると、さらに調子があがるが、たとえば、勝谷透『太平記と勤皇精神』（昭和十九年、宝文館）がある。勝谷は当時、官立長野工業専門学校教授であった。「今や、わが民族が太平洋の波濤を越えて有史以来の一大興隆発展を為さんとするこの秋《とき》、忠をつくし国に殉ずるの精神を『太平記』の筆のあとに求め、澎湃《ほうはい》としてわきあがるわが民族勤皇の碧血《へきけつ》を敵本土に注がんこと、これぞ吾等草莽《そうもう》が難に赴き国に報ずるの道である」。何とも大仰な文章かと思うが、戦時中には珍しくもなかった。

怨敵《おんてき》の侵寇《しんこう》を前にして苦難の現実にあへぐ者あらば、よろしく千辛万苦の建武中興の史実に思ひを致せ。太平洋の万波寄り来り波風荒しと恐るゝ者あらば、よろしく建武中興忠臣の聖訓が天籟《てんらい》の響、地下の声となって吾等《われら》の大和魂を貫いてゐることを思へ。吾等何を苦難とし、何を怖畏《ふい》することがあらうか。

こゝに於て、『太平記』の叙述する勤皇精神が刻下の決戦にわが民族の魂の糧《かて》ともなり、七生滅賊の決意の原動力ともなることを痛感するのである。

「皇国史観」といえば平泉澄の名が挙げられるが、中村孝也《こうや》の戦時中の活動も著しいものがあったのである。

中村孝也の皇国史観

中村は明治十八年（一八八五）、群馬県高崎に生まれた。少時より秀才の誉れたかく、東京高等師範学校から東京帝国大学に進み、大正二年（一九一三）卒業のときは恩賜の銀時計を授与された。東京大学史料編纂所編纂官、同大学助教授、そして昭和十三年文学部専任教授となり、二十年に停年退官、同四十五年二月没した。学位論文『元禄及び享保時代における経済思想の研究』（昭和二年、国民文化研究会）で知られ、また戦後、『徳川家康文書の研究』（五冊、昭和三十三～四十六年、日本学術振興会）で日本学士院賞をうけた。中村は博識で、政治史・経済史・文化史の全領域にわたり、時代的にも中世・近世と幅が広かった。したがって著述はすこぶる多い。

昭和十八年四月に小学館から出版された『楠公伝』は、昭和十年の大楠公六百年祭のときに書かれた『贈正一位橘朝臣正成公伝』を改題したものである。本書の「自序」は「楠公精神は日本臣道精神の精華である」といい、

支那事変は起つた。大東亜戦争も起つた。第一線に立つ将士は固《もと》より、銃後を守る国民を挙げて、国家総力戦は力強く遂行せられ、国威は隆々として揚り、東亜はつひに

昔日の東亜たらず、世界歴史は重苦しき軋《きし》みをたてて廻転しつゝある。誰がこの曠古《こうこ》の大業を推進せしめてゐるのであるか、それは偏《ひとえ》に我等が現人神《あらひとがみ》として仰ぎたてまつる　天皇陛下の御稜威《みいつ》の致すところであり、而《しか》してまたすべてを　天皇陛下に帰一したてまつるところの日本臣民の忠勇義烈の結果である。この忠勇義烈の精神は、実に楠公精神と相通ずる。

と書いた。中村には、他に湊川神社の大楠公六百年大祭を記念して小冊子『大楠公』を書き、これは実に三五万部が全国に頒布されたという。また、正成礼賛の詩文をあつめた『楠公遺芳』（小学館）と題する大冊もある。

昭和十三年は、延元三年に和泉の石津で北畠顕家《きたばたけあきいえ》が敗死してから六〇〇年ということで、その顕彰事業がおこなわれた。建武御鴻業奉賛祭・北畠顕家卿六百年祭全国奉賛会は、中村孝也に依頼して『北畠顕家卿』と題する書物をつくった。序文は会長の松平頼寿と福島県知事君島清吉が書いている。昭和八年が建武中興六〇〇年であり、十一年が千種忠顕《ちぐさただあき》・名和長年《なわながとし》、十三年が新田義貞、十四年が後醍醐天皇没後六〇〇年に当たったから、それぞれ顕彰行事が盛んにおこなわれたのである。

中村には啓蒙的著作が多かったが、昭和十六年に『肇国精神』（大日本教化図書）なる書物を書いている。表題からただちに予想されるとおりの文章が並んでいる。

天祖は永遠の存在、不朽の生命、果てしない御生命でおはします。その果てしない御生命を承け継がれるのが御歴代でいらせられます。故に天祖の御神格は、そのまま果てしなく続き、御歴代は神格をお有《も》ちなされるので、古人はこれを現人神《あらひとがみ》と申上げます。御姿は人であられますけれども、その御本質は神でいらせられます。その現人神の歩ませたまふ道は、即ち皇道と拝したてまつる。（若槻泰雄『日本の戦争責任』下、所引）

いま、こうした文章を読むと、信じがたい思いがある。中村孝也もまた、まさに「天皇教」の信者であり「皇国史観」の信奉者だったのである。

科学の放棄

同じような文章は「日本国史構成の新しき有り方」（『日本諸学』第四号、日本諸学振興委員会、昭和十八年）にも見られる。

それは古代人の宗教的信仰・道徳的観念となつて現れ、而《しか》してその最高表現として、天壌無窮の神勅を仰ぎみるのである。この神勅は直ちに神武天皇八紘為宇《はっこういう》の大詔に通ずる。これらの中に含蓄せられる日本国家の性格規定、それは永遠性であり、包容性であり、発展性であるところの国家性格理念を明瞭に把握するのが、国史を理解する上の重要喫緊事である。

然《しか》る後は、悠久三千年の国史は、この現実と、かの理念との相互関連によつて鮮明なる説明を加へるのである。（若槻前掲書所引）

これは、まさに信仰の世界であり、学問とは隔絶した存在である。私個人の記憶でいえば、昭和十九年の末に、中村の『建武中興時代の人々』（昭和十九年、有朋堂）を購《あがな》って読んだ。定価三円二〇銭とあるから、当時の勤労動員で働いた日給三日分に相当する。この書の構成は、

一　建武中興時代の人々、二　建武中興の指導理念、三　花山院師賢、四　楠公精神の顕揚、五　楠公詩伝、六　楠公の横顔、七　伯耆船上の聖蹟、八　新田義貞公、九　北畠親房卿と神皇正統記、一〇　北畠顕家卿、一一　新田義興公、一二　吉野朝の回顧

となっている。本書述作の中村の基本姿勢は「自序」に明らかである。それによると、歴史の解釈は「生活の現実と理念との相互関連によつて成立する」ものであって、これを国史に照らしていえば、天壌無窮の神勅と八紘為宇の詔によって示された「国家生活の理念」が「現実」を指導し、また現実の生活を理念に近づけようとする不断の努力が国史を構成する、「換言すれば、それは理念の現実化しゆく過程の記録に外ならない」のであり、

国体の本義に照し、大義名分を正しくするためには、一切の不正不義を芟除《さんじょ》する必要が存する。乃《すなわ》ち敢然として肇国の大理念を仰望しつつ、身を挺して中興の大業を翼賛しまゐらせたのが、実に当代の忠臣義士であつて（下略）。

このように空疎なる言辞を連ねざるをえないのは、すべて「国体の本義」の呪縛によるのであるが、当然のこととして、それは「科学」の放棄に連なる。歴史学は理智の上に築かれるものであり、理智の批判と考証により「科学」たりうるものである。しかし「科学は万能ではない。人生は科学のみに依つて存在するものではない」のである。

それが事実でなくとも、伝説として非常な価値を有《も》ち得るものであり、殊にそれが道徳を有し、教化力を有する伝説ならば、人生に及ぼす影響、国民生活に貢献する価値は、決して之《これ》を蔑《ないがし》ろにすることは出来ない。吉野朝の回顧の中にも、このやうな貴重な国民的所伝が非常に多く、国民は之によつて感奮興起するのである。

史実であるか否かは問わず、創作であったり単なる所伝であっても、それが国民道徳の興起に有用なるものであれば、それは「歴史」だというのである。

中村の二面性

中村孝也は、昭和十五年（一九四〇）二月に国民生活研究会をつくっている。このとき集まったのは、岡田章雄、新城常三、細川公正、阿部武彦、原田伴彦、松本新八郎、北島正元らで、出席予定者のなかには伊東多三郎、小西四郎、遠山茂樹らがいた。のちさらに十数人が加わって、十八年十二月まで研究会は続けられたという（北島正元「国民生活研究会のこと」『歴史評論』五〇号）。この会は平泉史学に抗するものといわれているが、中村の編で『生活と社会』『生活と思想』の二冊の論文集が刊行された（芳賀登『批判近代日本史学思想史』柏書房）。その志をついで、戦後の昭和三十五年五月に出された論文集が伊東多三郎編『国民生活史研究　1生活と政治』（吉川弘文館）で、中村の古稀を記念するものであった。

中村らの研究会は「戦争によって分裂変容せる国民生活の危機意識に立ち、その歴史研究を行うことと、戦意高揚に駆られて精神主義に逸脱せる歴史学を生活史の場面に引き止めること、および部門別、問題別に細分化せる歴史学界の動向に対して綜合研究の気運を促進することなど、いろいろの希望と主張が含まれていた」という（伊東編前掲書「序」）。中村の戦時中の活動とあわせみて、どう説明がつくのだろうか。

「八紘為宇」

「八紘為宇」の精神

八紘為宇

「八紘為宇《はっこういう》」ないし「八紘一宇《はっこういちう》」は、戦時中の日本の国策を示すキーワードのひとつであった。この語は『日本書紀』（巻三）の神武天皇即位前紀　己《つちのと》未《ひつじ》歳三月丁卯《ひのとう》条の「令《みことのり》」に、

まさに山林を披《ひら》き払い、宮室《おおみや》を経営《おさめつく》りて、恭《つつし》みて宝位《たかみくらい》に臨《のぞ》む、以て元元《おおむたから》を鎮《しず》むべし、上は則ち乾霊《あめのかみ》の国を授けたまう徳《うつくしみ》に答え、下は則ち皇孫《すめみま》の正しきを養いたまう心《こころ》を弘《ひろ》めん、しかる後《のち》に六合《くにのうち》を兼ねて以て都を開きて、八紘《あめのした》を掩《おお》いて宇《いえ》と為《せ》むこと

また、よからざらんや。

とあるのに拠るのである。昭和十五年（一九四〇）九月二十七日の「日独伊三国条約締結

に際し賜はりたる詔書」は、

大義ヲ八紘ニ宣揚シ坤輿《こんよ》ヲ一宇タラシムルハ実ニ皇祖皇宗ノ大訓ニシテ朕ガ夙夜《しゆくや》眷々《けんけん》措《お》カザル所ナリ（中略）惟《おも》フニ万邦ヲシテ各々其ノ所ヲ得シメ兆民《ちようみん》ヲシテ悉《ことごと》ク其ノ堵《ト》ニ安ンゼシムルハ曠古《こうこ》ノ大業ニシテ前途甚ダ遼遠《りようえん》ナリ爾《なんじ》臣民益々国体ノ観念ヲ明徴ニシ深ク謀《はか》リ遠ク慮《おもんぱか》リ協心戮力《りくりよく》非常ノ時局ヲ克服シ以テ天壌無窮《てんじようむきゆう》ノ皇運ヲ扶翼《ふよく》セヨ。

と述べている。傍線の部分を対比して読めば明らかなように、「八紘一宇」の精神は全世界に及ぼすべき「大義」である。あるいはまた、高群逸枝《たかむれいつえ》「神功皇后《じんぐうこうごう》」（『日本婦人』昭和十八年八月号）にはつぎのように書かれている（小熊英二『単一民族神話の起源』新曜社、所引）。

天孫が高千穂の峯に天下られるや（中略）どんな異族同士でも、一たび祭ろひ即ち祭祀下に入れば、もうそれだけで同胞となり得た。（中略）かくてわが国の家族化は順調に且つ輝かしく進展した。（中略）かくて、一歩をすゝめて大東亜民族の結びつきさへ、さらにはいはゆる世界家族へ、――血の親近感が、漸次世界的にまで拡大したときにこそ、すなはち人類は救はれるであらう。思ふに、わが肇国《ちようこく》精神は、実にこの望ましき未来を視野として樹《た》てられたものであり、神武天皇の「八紘為宇」（世界の家族化）の御言挙《みこと》げ、高倉天皇の「四海為宇」の詔、明治天皇の「よもの海みなはらから」の御製など、畏れ多いことながらすべてこの精神の顕現ならぬはない。あるいはまた『戦陣訓』（昭和十六年一月）の本訓（其《そ》の一）の冒頭に「大日本は皇国なり、万世一系の天皇上《かみ》に在《おは》しまし、肇国の皇謨《こうぼ》を紹継して無窮に君臨し給ふ。皇恩万民に遍《あまね》く、聖徳八紘に光被す」と書かれているが、「聖徳八紘に光被す」の部分は、通常「我が　皇室の御聖徳は世界中に輝き亘つて居る」というように理解されていた（斎藤市平『戦陣訓義解』昭和十八年、尚兵館。なおこの書は陸軍の幹部候補生検定試験のための参考書である）。

教育の場で

しかし、『日本書紀』の文を読めば明らかなように、「八紘」は「クニ」であって「世界」などを意味するものではない。昭和九年（一九三四）の『尋常小学国史　上』には、この「八紘」の文字は見えないが、昭和十八年の『初等科国史上』では「やがて天皇は、畝傍山のふもと、橿原に都をおさだめになり、この都を中心にして大神の御心をひろめようと思し召し、かしこくも『八紘《あめのした》を掩《おほ》ひて宇《いへ》と為《せ》む』と仰せになりました」と書かれていた。「大東亜戦争」について、「今や大東亜の陸を海を、日の丸の旗が埋めつくし、日本をしたふ東亜の民は、日に月によみがへつて行きます。すべてはこれ御稜威《みいつ》と仰ぎ奉るほかありません」と述べているのだが、「八紘為宇」の語を「大東亜戦争」に関連づけて述べてはいない。

ところが、右の教科書の教師用書は、その部分について「教材の趣旨」の項でつぎのように述べている。

この尊い思し召しを奉体せしめるため、今回新たに上記の詔勅について、その要点を奉掲したのである。しかも、橿原奠都《かしわらてんと》の詔に於いて、特に「八紘為宇」のくだりを記し奉つたのは、もとよりこの聖旨が、皇祖の大御心に発し、その後の国史を貫ぬいて昭和の大御代に発揚されつつあるからである。

この解説によると、明確ではないが、「大東亜戦争」の進展を背景に「八紘為宇」を読みとるべきことを求めているように思える。また、小学校教員の養成をめざす師範学校の教科書『師範歴史（本科用巻一）』（昭和十八年、文部省）は、詔を引用したあとに、「すなはち肇国の大理想と大使命とが、全人類の永遠の福祉を実現せんとする八紘為宇に存することを宣《す》べ給ひ」と記し、『師範歴史（本科用巻二）』（昭和二十年、文部省）では、

ここに於いて、我が国は現下の危局を打開し、我が肇国の大精神たる八紘為宇の理想

を具現し、以て大東亜共栄圏建設のため、断乎として起ち上るの已《や》むなきに至ったのである。昭和十六年十二月八日米・英に対する宣戦の大詔が渙発《かんぱつ》された。

と記して「八紘」の字義の拡大をおこなっている。また、国文学者武田祐吉の啓蒙的な書物『肇国紀伝』（昭和十七年、明世堂）は、神武天皇紀の注解をおこなったものであるが、「日本社会今日の躍進は、全く天皇の八紘為宇の御精神に基づくものといふべきである。依つてここに、日本書紀に依つて伝へられてゐるその御事蹟の記事を謨解《ぼかい》し奉り、これを中心としてこの一書を成した」と書物のなりたちを説明している。詔勅について注解して、「八方を掩うて我が家とせんとする雄大なる御精神をお述べになつて居る。誠に日本帝国の進むべき道をお示しになつた」という。

三上参次の批判　これより先、昭和十三年十二月八日、教育審議会（昭和十二年十二月発足）の第十回総会で、特別委員から提出された「国民学校・師範学校及幼稚園ニ関スル件答申案」が審議された。その答申案の前文は、義務教育を八年とすることを記し、ついで、

皇国の道の修練を旨として国民を錬成し、国民精神の昂揚、知能の啓培、体位の向上を図り、産業ならびに国防の根基を培養し、以て内に国力を充実し、外に八紘一宇の

肇国精神を顕現すべき次代の大国民を育成せんことを期せり。

と述べていた。これに対して委員の三上参次《みかみさんじ》は、「八紘一宇」というのは「世界統一」の意味にもとれ、これは、はなはだおだやかではないと思われるから削除してはどうかと提案した。三上は、「八紘一宇」の「八紘」は「天《あめ》の下《した》」で、元来は日本国内の意であるが、現在用いられているのは「内に国力を充実し外に八紘一宇の」云々とあるのだから「どうしてもこれは外国へ力をおよぼす」意となるのではないかという。文部大臣荒木貞夫（陸軍大将）は、帝国主義的・侵略主義的な意を含むものではなく、徳をもって外に及ぼすの意であると答弁した。「徳」であろうが「武」であろうが、世界に及ぼすという拡張解釈であることは同じである（山中恒『少国民はどう作られたか』筑摩書房）。

しかし、これより先、昭和十三年三月三十日発行の『週報』（第七十六号）は、文部省教学局の名で「八紘一宇の精神」と題する文章を掲げて「公式見解」を述べている。

惟《おも》ふに今次の支那事変は支那が排日抗日を事として反省しないため、已《や》むを得ず兵を出してこれを撃つたのであつて、支那の悪夢を醒まさせ、我が肇国の理想たる八紘一宇の精神を光被せしめて真に提携の実を挙げ、東亜永遠の平和を確立し、更にこれを世界に及ぼして、和気靄々《あいあい》たる一家の如き世界平和を樹立せんがためである。

明らかに「八紘一宇」の拡大解釈をとって、大陸における侵略戦争の正当化をおこなっている。荒木文部大臣の答弁は苦しまぎれのものにすぎなかった。

長沼賢海の意見

昭和十八年（一九四三）一月、当時九州大学教授であった長沼賢海《けんかい》は『神国日本』（教育研究社）なる書を世に送っている。新日本建設叢書の一冊である。この叢書は、いわゆる「時局的」企画で、ほかに吉田熊治『教育日本』など計一〇冊が予定されていたらしい。

『神国日本』の構成は、「三大改革と神国の自覚」「八紘一宇」「国民生活と鎮守」「皇民即ち神民」「一君万民」「弘安の神風」「敵国降伏の御宸翰《ごしんかん》」など二二項目よりなる。タイトルからすると、確かに時局的なエセー集であるが、長沼は随所で、戦時中のうわついたスローガンに批判を加える。たとえば「惟神《かんながら》」の語について、世人が「神代ながら」「上世の風、神代のまゝに」などと理解しているのを批判し、『日本書紀』の原義に戻り「天照大神の教令」と解すべきものという。「祭政一致」についても、たとえば『神皇正統記』の「上古は神と皇と一にましく〵しかば、祭をつかさどるは、即政をとれる也」とある文章に拠って理解することに反対する。そうではなくて、「神徳を奉じて恭しく神慮を迎へて政治の本義、根本と為すことが、祭政一致の本義である」とする。

「皇民」「国民」「人民」を「オホミタカラ」と呼ぶが、これについても誤解があると指摘する。人民が自らを「御民《みたみ》」とか「大御宝《おおみたから》」というのは、天皇に対していうのであり、天皇が人民を「大御宝」と呼ぶのも、天皇の人民に対する敬語などではもちろんなく、天皇が神に対していうのである、人民は神の民だからであると。「一君万民」の語についても、これは「一氏万姓」の義であり、一氏（＝天皇家）が栄え繁り、万姓（＝人民の家々）を生ずるの意であるとする。「万民一体となつて一君に奉ずる」というような意味はなく、「家族国家観」を示す語だという。

「八紘一字」については、この語の用いられている神武天皇の詔は、皇居造営に際して出されたものである。「六合《くに》を兼ね以て都を開きて、八紘《あめのした》を掩《おお》いて宇《いえ》と為《せ》ん」と記すのであり、その意は「六合」と「八紘」は同義であり「クニ」である。「掩㆓八紘㆒」とは、国を掩うような家を建てるということである。「八紘」に全世界とか宇宙の意はない。「世界をひとつとする理想」などと解するのは誤りもはなはだしいと。

長沼はさめた眼で見る。西大寺思円上人が石清水八幡宮においておこなった蒙古降伏の祈禱にふれて、上人が一視同仁の神明の徳を説き、神護は敵味方平等に加えられるものとも記す。たんなる敵愾心《てきがいしん》のみで戦うのではないと。『神国日本』という書名からただちに、戦時中の同類の書物と同じかと思いがちであるが、長沼の眼は確かであり、研究者としての道を踏み外していない。

栗田元次の『奈良時代の特性』

栗田元次《もとつぐ》は著名な日本近世史家であった。その著『綜合日本史大系　江戸時代　上』（大正十五年、内外書籍）は、第二次大戦前における、江戸時代史の代表的概説であり、三上参次の『江戸時代史　上・下』（昭和十九年、冨山房）とともに、戦前の水準を示すものと称された。栗田は明治二十三年（一八九〇）、現在の名古屋市千種《ちくさ》区に生まれ、大正三年東京帝国大学を卒業、史料編纂官補から第八高等学校、広島高等師範学校、広島文理科大学の教授、第八高等学校長、名古屋大学教授をつとめたが、昭和三十年、定年を目前にして病死した。栗田の専門は近世史で、前記の『綜合日本史大系　江戸時代　上』や『新井白石の文治政治』があり、『解説日本文化史』『史的研究日本の特性』のほか、『綜合日本史概説　上・下』もよく読まれた著作であった。古典籍や古地図の蒐集につとめ、蔵書家であり、広い視野から歴史を総合的に把握しようとした史家であったという（『国史大辞典』4〈吉川弘文館〉「栗田元次」坂本太郎稿）。

栗田の著作の中に『奈良時代の特性』（昭和十五年、日本放送出版協会）という小冊子がある。戦時中に出ていた「ラジオ新書」の一冊である。昭和十五年一月から六回にわたっておこなったラジオ放送の原稿をもとにした文章と、附録よりなる。

一　奈良時代の現代性、二　復古と革新、三　日唐の律令と民族性、四　祭政一致と法国一如、五　文化の世界性、六　国史と国体思想〔附録〕㈠史国日本、㈡八紘一宇と大和心、㈢日本文化の親和性、㈣古版地図と民族性

啓蒙的な書物であり、全体として平易な叙述で、現在から見れば奇異の感を抱かせるような記述も多いが、戦時中の著作としては、まず標準的なものであろう。たとえば律令制度について述べ、

かくの如く一見外国の模倣の如き新政も、実は国体の本義に基づく肇国精神の発揮であつて、革新の根本は復古に外ならなかつたのであります。而してこれは後の建武中興も明治維新も全く同一でありまして（中略）要するに我が律令は唐の制度の複雑なものをなるべく簡易化し無用な美名を除いて居るのでありますが、これは支那の民族性の根本である形式性を我が国の実際性と調和せしめんとしたものであります。我が国民は肇国以来皇室の大御恵《おおみめぐみ》に浴し、自然の恩恵に恵まれ、外敵の侵入をも知らず、素直に育つたため、その国民性の根本は自然な素直な心であります。

というなどは、当時としては驚くに足りない記述である。

ラジオ放送の時期が、あたかも、いわゆる「紀元二千六百年」を迎える頃に当たっていたこともあって、「八紘一宇」の文字があちこちに見える。なかんずく、附録(二)は「八紘一宇と大和心」と題する文章である。栗田は『日本書紀』の「八紘」は「アメノシタ」で、具体的には「我が国土たる大八洲《おおやしま》」を意味する、「八紘を大八洲と考へる時、我が国土を一家となすとは如何なる意味であらうか」「我が国に於ては国は家の拡大であり、君臣関係は親子関係の延長に外ならない」のであり、そして「親子関係は、人為の選択を許さぬ絶対自然の結合であり、力や利益を超越した純真な情愛を紐帯とするものであるから、その関係は絶対不変である」「我が国体の本義は、国と家との一致、君民関係と親子関係の一致に基礎を置くもの」であると解説する。

「八紘一宇」のスローガンは、やがてアジア、そして世界へと拡張されて、「大東亜共栄圏」の思想へ、「聖戦」の正当化へとつらなっていったのであるが、栗田の著述に、そうした放縦さのないことは救いである。

「大東亜共栄圏」

赤松俊秀の『東亜共栄の歴史』

赤松俊秀《としひで》は幅広い研究者として知られていた。仏教関係の研究では『鎌倉仏教の研究』『続鎌倉仏教の研究』『親鸞』などの著作があり、荘園などの研究は『古代中世社会経済史研究』として公にされている。『醍醐寺新要録』『隔蓂記』『教王護国寺文書』などの編集、また『平家物語の研究』などもある。

赤松は、明治四十年(一九〇七)に北海道に生まれた。昭和六年京都帝国大学文学部史学科を卒業し、副手をつとめたあと京都府職員となり、府下の寺社の宝物調査に従い、この仕事は戦後まで続き、二十四年には京都府教育委員会文化財保護課長となっている。戦時中、文部省の国民精神文化研究所（昭和七年設置）の嘱託となり、昭和十七年度、「皇国史編纂委員嘱託、日本文化ニ関スル文献編纂委員嘱託」であった。また紀元二千六百年奉祝会の記念事業として企画された『日本文化大観』（第一巻のみ刊行）の編纂に携わり、昭和十八年十一月現在、委員のひとりであった。また、この頃「日本文化ヲ中心トシテ東洋文化ヲ研究シ、コレガ精髄ヲ中外ニ宣揚スルヲ目的トス」る東洋文化研究会なる組織の一員であった。会の委員は、

赤松俊秀、有光教一、小林剛、志田延義、鈴木俊、田山信郎、時野谷勝、中村光、野間清六、正木篤三、松田武夫、森末義彰、吉田三郎、渡辺誠、渡辺一（代表は志田）

の一五名であった。この研究会編として出版された赤松の著書が『東亜共栄の歴史』（昭和十七年、目黒書店）である。一〇一ページの小冊子で五編を収める。書物の表題となった「東亜共栄の歴史」は、タイトルから想像されるように、すこぶる時局的な文章である。昭和十五年九月、日仏軍事細目協定が成立して、日本軍はただちに北部仏印（ベトナム）に進出したが、これについて赤松はいう。協定の成立は「日本の東亜共栄圏樹立の理想が公平無私、友邦との共存共栄を念とする以外の何物もないことが、フランス側に正しく理解された」からであると。イギリスの海外進出が海賊行為から始まったのにたいして、わ

が国の海外進出は「物資の不足に悩む東亜諸民族に対して、その供給者として出現したのに始まるのであつて、東亜の共栄は、日本の海外進出当初よりの理想であつた」という。わが国の海外進出は倭寇を基礎とするという学説があるが、それは「唯物《ゆいぶつ》史観、またはイギリスの掠奪《りゃくだつ》史観の直訳に過ぎない」のであり、現実の状況を見れば、その誤りは明らかであるとする。

また、従来の研究者は「平安時代の日支貿易は、宋が能動的であつて、日本は、その末期、近衛天皇の頃から積極的に乗り出したが、極めて小規模であつた」とするが、これは誤りで、わが国は平安前期には国内の経済体制を整備しおわり、平安中期には「我が国の援助の許に、東亜の諸民族が、その生を楽しむと云ふ東亜共栄圏的な事実が早くも成立しかけてゐた」のであると主張した。

唯物史観批判

「元寇」なる文章も、右と同様の線で理解することができる。赤松は研究史を回顧して、「日清・日露両戦争の前後に、元寇に対する関心が昂《たか》まり」「神国たるの自覚に始まつて、偉大なる指導者の存在、潑溂たる国民精神の発揚の確認」と進んできた元寇研究は、大正・昭和に入ると、元は日本に対して武力侵略の意図はなかった、交易通商を求めたにすぎない元使を斬った幕府の行動は残虐・無道であるとの論調に変わった、こうした歴史の見方は「祖国を祖国として顧みない誤つた国際主義、平等主義」の影響を受けたもので、「殊に唯物史観が学界に於て優勢を占めてからは、かかる傾向は更に著しく」なったという。しかし、いま戦いの最中、「国家は切実に思想界全部の覚醒を要求し、国策への協力を求めつつある。今日では、過去十数年間の如き研究方法は、その存在を許されないのである」と、学問の国家権力への従属を宣言している（赤松は昭和十七年六月に開催された日本諸学振興委員会第三回歴史学会において「元寇」と題して発表している。文部省教学局編纂『日本諸学研究報告　第十七篇』）。

「大化改新の田制改革に就いて」は、内田銀蔵の、大化以前にわが国に班田慣行が存在したという学説をめぐるもので、内田説を批判する滝川政次郎《たきかわまさじろう》・坂本太郎の主張をとりあげて論じている。その学説、論争の経過やその当否については詳しくは述べない。この問題を扱うに際しての赤松の姿勢に注目したいのである。

内田博士の班田慣習説が否認せられてから、我が経済史学界の動向は急激に暗欝な方向を辿り始めた。昭和の初年以来最近の支那事変勃発頃までの学界の傾向がそれであつて、経済活動に本有の建設的の部門は全然注目されず、階級的搾取の悲惨なる事実のみが徒《いたず》らに誇張して説かれたのに過ぎないのである。この傾向は当時の国内の思想の傾向と密接に関連があったのであるが、かかる研究の行き着くところは、日本経済の自己否定であることは、云はずして明らかである。我が学界は自国の経済力を自ら過少に評価することを以て、是も正しい学的なる態度としたのである。併《しか》しながら、かかる立場が如何に誤つたものであるかは満洲事変以来、我が国力の止まざる発展の事実が最も明白にこれを実証した。

これは、学問以前の問題である。啓蒙的な文章であるとはいえ、あまりにも粗雑ではあるまいか。

労資協調史観　つぎは「日本農業発達の歴史的性格」である。赤松は、初期荘園の経営が浮浪人の労働力によっておこなわれたとする学説を否定し、東大寺領越前国桑原荘の例に見るように、「奈良時代の荘園は、定住農民の労力に依つて経営されたものが多く、浮浪人のみの荘園は絶無であった」という。初期荘園が、おもに班田農民の労働力によって経営されたというのは、ほとんど常識であり、赤松自身「公営田を通じて見たる初期荘園制の構造について」(『歴史学研究』七巻五号、のち『古代中世社会経済史研究』平楽寺書店、所収)なる論文で、つとに明らかにしたところである。しかし、問題はつぎの文章である。

定住農民は口分田に依つて生活が保障されてゐるために、その勢力は頗《すこぶ》る強く、荘園の収穫は大部分その手に帰し、所有者の収入は総収入の二割程度の地子《じし》に止まり、それ以上を超えることは許されなかつた。かかる農民に有利な荘園収穫の分配の規定であつたればこそ、農民は荘園経営に積極的に関心を持ち、その維持発展に努めた（中略）何時の時代であつても、労資の円満なる協調がなければ、産業の発達は期待できるものではない。

公営田制に関する赤松の名論文が、こうした歴史観に支えられていたものだとは、かつて私の想像だにしなかったところである。

終わりに「神仏協和の歴史」を見よう。赤松は「国家永遠の基礎を確立するためには、国内分裂の因となる国民相互間の対立などは悉《ことごと》く解消せられなければならない」という。政党・労働組合などがあいついで解消したのは、その国家的要請に応じたものであるが（昭和十五年、大政翼賛会成立以前の状況を述べているのであろう）、なお神仏の対立は解消されない。そこで「神仏の交際を実際に就いて」見るとして、一遍《いっぺん》の時宗《じしゅう》について、熊野《くまの》権《ごん》現《げん》の神勅とのかかわりを述べ、「時宗があれほどまでに栄えたのは、その説くところが神祇の支持を受けてゐることに基づくものであつた。所詮日本の仏教は惟神《かんながら》の道の支持のない限り、自らの力では発達し得ないものであった」と結論する。そして、「今や日本は南方数億の民衆を英米オランダ等の桎梏《しっこく》から解放し、彼等と共に生存の喜びを同じくせんとて、最後の決意を堅めつつある。今こそ、仏教徒が奮起して、惟神道を伝へる為に、現在でも仏教国であり、或は過去に仏教国であった、是等の地方に進出の決意を堅むべき時ではないであらうか」と、「聖戦」への協力をうながした。

今宮新の『班田収授制の研究』

赤松が扱った大化の田制、すなわち班田収授制についての戦前の業績としては、今宮新《いまみやしん》の著作をあげなければならない。今宮の書は昭和十九年、竜吟社から刊行された。班田制に関する主要文献のひとつであって、「班田法についてのはじめての綜合的な記述として、既往の殆んどあらゆる論点を網羅し集大成した」ものと評価されている（虎尾俊哉『班田収授法の研究』緒論、吉川弘文館）。本書の構成は、

序論　第一　古代支那に於ける土地制度、第二　均田制の実施及び崩壊

本論　第一　班田収授制の成立、第二　班田収授制の内容、第三　律令時代に於ける土地制度の本質、第四　古代に於ける耕地所有の諸問題、第五　奈良時代以前に於ける班田制の実施、第六　奈良時代に於ける班田制の実施、第七　班田収授制頽廃の原因、第八

班田収授制頽廃の対策、第九 班田収授制崩壊の過程となっている。その叙述は、虎尾のいうように、既往の諸研究を丹念にまとめ、また問題点を洗い出そうとする着実なものである。したがって、班田制については、この書物と虎尾の『班田収授法の研究』が基本的な文献であることは疑いないが、今宮の書物は、やはり戦時中の出版物であり、その影響を蒙らないわけにはいかなかった。

大化改新の大業は、我国を本来の姿に還《かえ》し、国力の充実発展を目的としたことはいふまでもなく、我国土はすべて天皇に属し奉るべきであるとの理念を実現し、全国民に生活の安定を得しめんとして土地公有主義の確立となつたのであつて、この意味に於いて、班田収授制の採用は、実に国史上に於ける最初の日本精神の顕現と認めらるゝのである。（序）

という文章もそれである。右の文章のふれている土地公有主義については、よく知られているように、中田薫による「土地私有主義学説」がある（「律令時代の土地私有権」『法制史論集 第二巻』岩波書店）。中田は、口分田・位田・職田・賜田等を、園宅地・私墾田と同様に私地・私田とし、中国法制史家の仁井田陞《にいだのぼる》も「古代支那・日本の土地私有制㈠〜㈣」（『国家学会雑誌』四三—一二、四四—二、七、八号）で同様に述べた。これより早く、西岡虎之助は『綜合日本史大系 第二巻』(大正十五年、内外書籍)で、位田・職田・口分田と大功田以外の功田および賜田を「その本質に於ては、永代私田(墾田・大功田)の権利と全く同一なる田主権であつた」とし、『大宝令』が「土地国有を以てその根本原則としたと断ずるは早計である」と述べていた。

今宮は当然のこととして土地私有主義学説に反対する。仁井田の口分田私有説に関連して「我国の国体に合ふ解釈とは考へられない」などと筆をすべらせたり、「実に班田収授制の成立及び施行は、我国の土地制度上に於いては画期的の大改革であつた。これを制定した人々が、国家の発展、国威の発揚を目的とし、日本国家の一大進歩を標榜《ひょうぼう》して、幾多の困難と障碍とを打破した熱意と愛国とは、永久に忘るべからざるものであらう」といい、

天に二日なく国に二王なし、との思想を実現するものとしての我国の土地制度は、我国独特の制度として解すべきものと思はれる。

という調子でものをいっているのを読むと、「時局」の影をつよく感じないわけにいかない。

秋山謙蔵

秋山謙蔵は明治三十六年(一九〇三)広島県に生まれた。昭和三年東京帝国大学文学部国史学科を卒業し、史料編纂所に勤務、のち国学院大学教授

となる。第二次大戦後、教職追放にあい故郷に帰ったが、昭和二十六年追放解除となって上京し、三十一年女子美術大学教授、四十二年東京女学館短期大学教授となり、五十三年に死去した。その著作はすこぶる多いが、私が確認したのはつぎの一七冊である。

①『日支交渉史話』（昭和十年、内外書籍）、②『日支交渉史研究』（同十四年、岩波書店）、③『歴史の前進』（同十五年、四海書房）、④『歴史と現実』（同年、創元社）、⑤『歴史と環境』（同年、創元社）、⑥『日本の歴史』（同十六年、岩波書店）、⑦ *The History of Nippon*（同年、国際文化振興会）、⑧『満華版　日本の歴史』（同年、満洲帝国協和会）、⑨『歴史の確認』（同十七年、三笠書房）、⑩『歴史の創造』（同年、三笠書房）、⑪『日本歴史の内省』（同十八年、岩波書店）、⑫『日本世界観』（同年、第一書房）、⑬『日本文化の推進』（同年、明治書房）、⑭『我等の大東亜』（同年、誠文堂新光社）、⑮『新日本美論』（同年、大雅堂）、⑯『東亜交渉史論』（同十九年、第一書房）、⑰『歴史の意志』（同年、八雲書店）

右の著作のうち学問的批判にたえうるのは①②⑯くらいなもので、ほかはすべて概説・評論・随筆の類である。②の『日支交渉史研究』はB５判、六六三ページに及ぶ大作である。三上参次、市村瓚次郎《さんじろう》、白鳥庫吉《しらとりくらきち》の三人の序文が付されている。その構成は、序説――日支交渉史研究の回顧と展望、前論――欧人渡来以前の東洋に見える日本人の活躍、第一篇―欧人の東洋進出と日本人の活躍、本論――日支交渉の進展、序篇―東洋海上貿易の展開と支那、第一篇―大化改新前後の日支交渉、第二篇―律令政治の動向と日支交渉、第三篇―平安貴族の生活と日支交渉、第四篇―鎌倉武家の生活と日支交渉、第五篇―建武中興前後の日支交渉、第六篇―室町期の日支交渉と倭寇、結論――鎖国・開国・東亜協同体

となっている。秋山のそれまでの個別研究を集大成したものといえる。すでに日中戦争が泥沼化してきた時期であり、そうした雰囲気が著述の随所に見えるが、当時の書物としては、ごくふつうの調子といってよいであろう。⑯の『東亜交渉史論』は、「ビルマの孔雀」「蒙古の駱駝」以下二八編をあつめた論集で、ひとつひとつのテーマには興味ぶかいものが多い。大部分は昭和十年前後までに発表されたものに補訂を加えたというが、本研究の余論といった趣のものである。ただ、第五編の「今の大東亜圏」の中の「大東亜建設」は、すこぶる時局的な文章となっている。

天皇陛下のもとに在る国家、この国家に生きる国民、この天皇・国家・国民一つに結ばれた生命体としてある処が、ニッポンである。而して今や、天皇陛下の御稜威《みいつ》のも

とに、アジアの全体が包まれ、名実ともに、世界の太陽アジアの姿が明確になりつつあるのである。（中略）御稜威のもと、万邦それぞれ処を得しむる八紘為宇の大精神は、既に満洲帝国に於て、中華民国に於て、タイ国に於て、またビルマに於て、フィリッピンに於て、着々と顕現しつつある。ここに形成されつつある大東亜圏が、曾《かつ》て世界の歴史に無く、いままた全世界に誇る強靭なる歴史を建設しつつあるのは、現に我々見てゐる通りである。

『日本の歴史』　これより先、昭和十六年（一九四一）に秋山は『日本の歴史』を書いている。これは紀元二千六百年奉祝事業のひとつとして、国際文化振興会の委嘱によって、日本在留の外国人のために書かれた『日本の歴史』の修訂版である。

第一部　世界と日本、第二部　日本の特質、第三部　日本歴史の伝統と現実よりなる。第一部は、広い視野から日本歴史をとらえようとし、第二部では、日本の国家原理と、その原理の一貫した歴史の特質を述べる。そして第三部では、日本歴史をその底に流れている国家原理の発展を中心に述べている。本書は日本通史であるが、その特徴は、秋山自身の「哲学」にある。哲学といわんよりは「信念」「信条」というべきものであろうが、たとえば大正十一年（一九二二）の「九ヵ国条約」について、秋山はつぎのように書いている。

東亜の安定は、日本の確立によつてのみ保証される。これを規定したのが日英同盟であり、その日英同盟の存在によつて、第一次世界大戦は、ロシヤをして安んじて英仏の陣営に立たしめ、ロシヤの協力によつて、初めて英仏の優位は規定され、英仏の優位が確認されて、初めてアメリカ合衆国の参戦となり、それによつて、初めて、ヨーロッパは一応の秩序を恢復することが出来たのである。

ところが、そのことを忘れて、アメリカ、イギリスは、東亜における日本の優位を否認し「東亜共栄圏」の破壊を企図している、日本なくして東亜の安定はありえないというのが日本国民の信念である。

外に大東亜共栄圏の確立、内に大政翼賛運動の展開、この二つは、正に渾然として一致したものであり、「紀元二千六百年」は日本国民の総てに新しき前進の契機として確認された。明治維新を契機とする近代日本の興隆は、正に「紀元二千六百年」を劃期として、第二の段階に入ったのである。

啓蒙家秋山謙蔵

③の『歴史の前進』で、秋山は歴史教育の重要性を強調する。中国大陸における日本軍の勝利は何に拠るのか、それは明治維新以来の歴史

教育の刷新、その結果として、天皇を中心とする「日本国家の原理」が国民全体に体得されるようになったからである、歴史教育は「日本の正しき現実を常に正しく理解する為の契機を与へるものである」という。⑨の『歴史の確認』では、秋山は歴史の書き換えを主張する。いかに書き換えるべきか。「第一に、封建的史観の揚棄である。即ち、皇道と覇道との抱合によつて構成されてゐる歴史書を、皇道によつて一貫させる」のである。具体的には『読史余論《とくしよろん》』的史観や鎖国史観を清算し、ヨーロッパ近代歴史学の本質を暴露しなければならないと主張する。

森克己の回想によると、「(昭和十一年十月)そのとき秋山氏は『森君今世の中はどんどん変りつつある。いつまでも君のようなことをいっていたら、時勢に遅れてしまうよ。僕は時勢に遅れないように、この辺で方針を変えてゆくつもりだ』といっていた」。「この頃から秋山氏は従来の学究の衣をかなぐり捨ててジャーナリズムの波に乗るようになった。さらに秋山氏は『文章報国会《(ママ)》』の理事となり、全国を遊説して歩いた。この頃が秋山氏の最も得意な時代で、大きなロイド眼鏡をかけ、聴衆を壇下に睥睨《へいげい》した。また『日本の歴史』をはじめ次々と日本歴史に関する啓蒙的な書物を出し、それには横山大観が特に揮亳した口絵をつけるという秋山氏ばりの豪華版だった」という(「秋山謙蔵氏を哭す」『日本歴史』三六二号）。豊田武によると、「日の丸の鉢巻姿で各地を講演された」というのだが（『一歴史家の歩み』）、「大東亜戦争勃発直後」から「北海道より九州に及ぶ凡そ百数十ヶ所」で講演をしたと、秋山は自ら述べている。戦時中、かれは売れっ子であった。

⑰の『歴史の意志』に収める七編は、いずれも講演速記からおこしたものという。「この戦が、我々日本民族とユダヤとの命を賭けた戦ひである」（ことを知らねばならぬ、学問至上主義・芸術至上主義は）「この皇国に成り立つべき筋合のものではない」「この激しい戦に打ち勝つために、我々一億の民は、みな心を一つにして、勝利の道を進まねばなりません」「一億の民が一体となつて、天皇陛下万歳と奉唱した瞬間、この瞬間に新しい歴史建立の劫火は燃え上つた、遠い肇国の古の大理想を想ひ起し、新しい肇国の出発を」心に期さなければならないと秋山は叫ぶ。

秋山は元来、海外交渉史研究の専門家であったから、いわゆる「大東亜共栄圏」の主張に容易に結びつく可能性を持っていた。再び⑨の『歴史の確認』を見よう。紀元二千六百年の古き肇国の大理想に基づく新しき肇国の意義を確認したわれわれは、「新しき肇国」すなわち「大東亜共栄圏」の確立、「東亜新秩序」の建設に向かって進まなければならない。中世後期における「日本民族の海外発展は、北は朝鮮より、支那の各地に及び、南はシャム（泰）・スマトラ・ジャバ・パタニ・マラッカ等、今日我々の云ふ大東亜共栄圏の全体に亘つて、頗る強力に、而も組織的に遂行されつつあつたのであり、そこに有無通ずる平和な貿易がつづけられてゐたのである」「三百年前の東亜の現実、大東亜共栄圏の再建」に日本は立ちあがったのであると、戦争の正当性を主張し、聖戦たるゆえんを説くのである。――私事ながら、当時一七歳の私はこれらの書を購《あがな》い読んだ。いまも書架のすみに置かれた書物の扉裏に読後感が記されている。恥ずかしながら、「一気に読破、感激新た」とある。

南進論

西村真次の『大東亜共栄圏』

西村真次《しんじ》は、明治十二年（一八七九）三重県に生まれた。同三十八年東京専門学校（のちの早稲田大学）文学科を卒業。朝日新聞社・冨山房勤務を経て、大正七年早稲田大学講師、同十一年教授、昭和七年『人類学汎論』で文学博士となった。同十二年神武天皇聖蹟調査委員、同十六年早稲田大学史学会会長に就任、同十八年五月二十七日に死去した。西村は「生物学・人類学・考古学から、日本古代史の研究を志し、エリオット＝スミスに共鳴して、日本の学界にマンチェスター学派の文化伝播論を導入した」学者といわれている（『国史大辞典』10〈吉川弘文館〉「西村真次」の項、水野祐稿）。

西村の著作はすこぶる多く、『深川情調の研究』『日本文化史概論』『万葉集の文化史的研究』『万葉集伝説歌謡の研究』『大和時代』『飛鳥寧楽時代』『人類学汎論』『世界古代文化史』『日本古代経済』（全五冊）、『神話学概論』『南方民族誌』『日本海外発展史』『日本民族理想』『伝統と土俗』『文化人類学』などがある。最後に掲げた著作は、「文化人類学」の称を用いたわが国最初の書物といわれている。その西村には、さらに『大東亜共栄圏』（昭和十七年、博文館）と題する一冊がある。

第一篇　序論――第一章　世界新秩序、第二章　大東亜共栄圏
第二篇　本論――第一章　満洲国、第二章　蘇聯領沿岸州、第三章　蒙古、第四章　支那、第五章　印度支那、第六章　泰国、第七章　英領馬来、第八章　緬甸、第九章　蘭領印度、第十章　比律賓
第三篇　結論――第一章　大東亜指導と日本民族の責務、第二章　共栄圏に対する文化工作（第一篇・第二篇の大部分は、昭和十五年十二月から翌年十月まで雑誌『新青年』その他に発表したものという。）

第一篇「序論」は「新体制の原理」と副題する。昭和六年以来の大陸におけるわが国の行動、その意図は「東亜に経済的・文化的・政治的協同体を作つて、イギリスを首魁《しゆかい》とす

る白人の搾取からアジヤを救出し、共存共栄の実を挙げようとするのである。旧式な領土の獲得や富源の独占やを夢想してゐるのではない」という。

第二篇は「共栄圏諸国の民族学的考察が主で」あるというが、簡単な地誌的記述にすぎない。第三篇は「大東亜戦争」の開始後に書き加えられたものである。「大東亜の建設」は、①進取主義、②多産主義（＝人口の増加）、③協同主義の生活理想を基礎としておこなわれなければならず、それは「米英の侵略主義、若《も》しくは搾取主義」とは異なり、「徹頭徹尾、文化的であらねば」ならず、㋑科学的工作、㋺道徳的工作、㋩芸術的工作がおこなわれねばならないと。

南進論　スローガン「八紘一宇」は、「四海を同胞とし、世界を一家とする考へで、所詮は共存共栄の理念に外ならぬもの」であり、共栄圏形成の必然性は、人種的に、歴史的に、経済的に説明しうるものだという。西村は、「共存共栄のモデル」を「満洲国」に求める。「人口の重圧に悩む日本は多数の移民を満洲に送つて、其《その》豊富なる生産を開発することが出来、文化の低弱を患《うれ》ふる満洲は、日本から其高度の科学を吸収して生活を改善することが出来る」のであって、こうした関係を「東南方諸民族に」及ぼすことにより「東亜共栄圏は実現」されるという。

これより以前、昭和十五年に刊行された『伝統と土俗』（人文書院）で、西村は、日本民族は混血民族であり、「日本民族の成立それ自身が八紘一宇の四海同胞の大理想のシンボルである」、日本はいま「支那の蔣介石政府と交戦してゐるが」、日本の目的は「平和的な『八紘一宇』の日本理想の実現」という「興亜の聖業」に「支那」を参加させようとする点にあると記している。

矢野暢《とおる》は『「南進」の系譜』（中公新書）の中で、「擬似知性主義の氾濫」について述べ、いわゆる「南方屋」ともいうべき人物の一例として西村の名を挙げている。

自称「南進論」者の西村真次という民俗学上がりの男がいた。かれは戦争中にいい加減な作品をたくさん書きまくっている。（中略）たくさんの出版物があるが、どれ一つとして学問的に通用する仕事はない。この西村真次のようなアジテーターは、そのほかにもたくさん横行した。そして世間は、かれのインチキ性をさほど疑わなかったのである。

と厳しく批判を加えている。私個人の印象としては、学生時代に古代商業に関心を持って西村の『日本古代経済』（東京堂）を読んだそれしかなかったので、かれの仕事全体を知るに及んで、いささか驚いた。戦争は人びとを狂気に陥れたが、西村もまた、そのひとりであったのか。

煙山専太郎の『南方発展史』

煙山《けむやま》専太郎は、明治十年（一八七七）岩手県に生まれた。同三十五年東京帝国大学文科大学哲学科を卒業、同年早稲田大学に迎えられ、政治経済学部および文学部で西洋近世史・最近世史・政治史を講じた。昭和二十三年に早大を停年退職し同二十九年三月二十一日に死去している。「世界史、特に最近世史の動向を歴史の該博な知識と透徹した史観をもってとらえた」学者と評されている（『国史大辞典』5「煙山専太郎」の項、大畑篤四郎稿）。その著作はすこぶる多く、『西洋最近世史』『世界大勢史』『独逸膨脹史論』『英国現代史』『征韓論実相』『泰西英傑伝』などがある。東大の卒業論文「近世無政府主義」は、当時、ロシア・ナロードニキの唯一のガイド・ブックであり、幸徳秋水、宮下太吉、管野すが（いわゆる「大逆事件」の関係者）らに影響を与えたといわれている。

煙山は、昭和十六年に「ラジオ新書」の一冊として『南方発展史』（日本放送出版協会）を書いている。「東北とスコトランド」「日本の南進政策」「日本民族の南方発展」「日本民族の海上発展」「南方発展史」の五編からなり、いずれも講演や放送の原稿をもとにしたものという。国際政治史の専門家らしく、話は古今東西の政治史に及び、その民族、国家の発展の方向を話題とし、つまりは、わが国の発展の方向を大陸ではなく南に向けるべきであるというのが、煙山の主張である。

「日本の南進政策」では、倭寇の働きを評価し、もし倭寇に示された盛んなる「海洋本能」を萎縮させることがなかったならば、ヨーロッパ勢力が東南アジアに及ぶ以前に「冒険的な日本人」は南の島々を手に入れていたにちがいない、「又よしんば、ぐずぐずしてをりましても、ヨーロッパ人のまゐりまするまでに、十分にその手をここに著けるに至つて居りませんでも、敏捷活潑な我々の祖先」のことであるから、スペイン、ポルトガル、オランダの活動を見て、みすみす「利益を彼等にばかり、奪われてしまうやうなことはなかつたらうと想はれるのであります」と述べる。そしてもし、江戸幕府に豊臣秀吉ほどの度胸と決断があれば台湾を手に入れることができたであろうとし、さらにつぎのように記す。

当時、若《も》し台湾さへ、確実に日本の手にはいつてをりましたら、西南膨脹線に於ける此《この》重要基地が踏み台となりまして、已《すで》に南支那海のほとりに占められて居りました日本民族の利益は、一層たしかに彼の手に保たれるばかりではなく、更に第二、第三の新たなる基地をも容易に手に入れることが出来たでございませう。

侵略思想むきだしの恐れ入った評論である。つぎの「南方発展史」は、日本軍の南方進出がいよいよ現実の課題となったことをうけての発言である。「南方発展は、日本民族の大きな願望と申すよりは寧《むし》ろ必要となつてゐるのでありまして」「実際、日本の南方には人間が住んでをらず、また、その天然資源も、殆ど拓かれてゐない大陸や島が沢山に横つてゐるのですから」日本の開発こそ国益にかなうものであるという。そしていう。「大切な事は、日本海、東支那海、及び南支那のまはりに、現に発展してをりまするいはゆる、東亜共栄圏を立派に組み立て、整然たる秩序をここに立てなければならぬことであります」。――かくして「東亜共栄圏」論の追認にいたったのである。

南進思想

昭和十五年（一九四〇）七月、第二次近衛内閣の成立直後に、「基本国策要綱」が定められた。これは、わが国の南進政策を決定的にしたもので、後者には「支那事変ノ処理未タ終ラサル場合ニ於テ対南方施策ヲ重点トスル態勢転換ニ関シテハ内外諸般ノ情勢ヲ考慮シテ之ヲ定ム」（前文）、「対南方施策ニ関シテハ情勢ノ変転ヲ利用シ好機ヲ捕捉シ之カ推進ニ努ム」（第一条）と記され、さらにフランス領インドシナ（現、ベトナム）に対して「情況ニヨリ武力ヲ行使スルコトアリ」（第二条）と明記した。し

南進論は明治時代から盛んに唱えられたが、それは経済進出としての南進であった。

かし、昭和に入ると「国防資源」確保を目的とする南進論が主流となる（矢野暢『「南進」の系譜』、同『日本の南洋史観』中公新書）。煙山の書と同じラジオ新書には、昭和十五年に刊行された板沢武雄の『杉田玄白の蘭学事始』なる書がある。表題にもかかわらず、総ページの四〇％を「日本民族の海外発展史」に割いている不思議な書物である。古代以来の海外発展史を概観し、最後のところで、帆足万里《ほあしばんり》の『東潜夫論《とうせんぷろん》』の一部を紹介している。呂宋《ルソン》を攻略し、さらに南ミンダナオまでも併合し、罪人など数万人を遷《うつ》して開拓させ「永く本邦の援国とすべし」という主張である。そして板沢はいう。

人口問題の積極的解決のために、経済資源の開発のために、外に伸び、外に発展するより外に生存発展の道はありません。（中略）日本民族の海外発展史の過去は、いはゞ長い序論でした。本論はこれからであります。

神武天皇の奠都《てんと》の詔に宣はせられました「八紘《あめのした》を掩《おお》ひて宇《いえ》と為《せ》む」といふすなはち八紘一宇の精神こそ、日本の肇国《ちょうこく》の大理想であり、日本民族の海外発展の指導原理でなければならないと考へます。

私は学生のとき、板沢の『日蘭貿易史』（平凡社全書、昭和二十四年）という、引用史料と表の多い小冊子（B6判、一四四ページ）を読んだことがあるだけだったから、戦時中の文章を見て驚かざるをえなかった。

太平洋戦争が始まると、南進思想にかかわる著述は量産されるが、新村出《しんむらいずる》のような学者も『南方記』（昭和十八年、明治書房）という書物を出している。「日本人南方雄飛の歴史」以下六編、真如《しんにょ》親王に関する七編、「日の本と遠つ南」以下一一編、「南海の旅」以下五編の計二九編からなる、すこぶる「時局的」な出版物である。本書の序文は昭和十八年二月十一日（当時の紀元節の日）に書いたという。「昭南島（＝シンガポール）攻略の一周年も近く、誠にありがたい、うららかな朝であつた」という。新村は「日本人南進史と南洋文学」なる文章で、日本軍のフランス領インドシナ「進駐」をもって「平和的南進政策」とし、南進が「確固不動の国策」であると認識して本書を書いたのであるという。新村は著名な言語学者であり、一般には『広辞苑』の編者として知られるが、日本語と南方言語の関係につよい関心を持ち、また真如親王の事蹟の顕彰にも熱心であった。

抵抗と転向

時流に抗して

西岡虎之助

学問の世界にも流行がある、というよりも、研究者も流行に弱いというべきかもしれない。流行に弱いということは、スローガンやキャッチフレーズに弱いということである。そして、なお困ったことには、スローガンの下に群れることで学問的評価を得たと錯覚する者もいたりする。残念ながら、歴史学の世界でもそれは例外ではない。流行に惑わされず、みずからの学問の道を守ることは、実に困難なことである。

しかし、時流に抗して独自の道を歩んだ畏敬すべき研究者もまた存在する。西岡虎之助もそのひとりであった。西岡は明治二十八年（一八九五）五月和歌山県に生まれ、和歌山師範学校を経て、大正十年東京帝国大学文学部国史学科選科を修了。史料編纂所に勤務し、退職後は早稲田大学教授として後進を導き、昭和四十五年に没した。西岡は「いかなる権力にも阿《おもね》らず、つねに歴史学の新しい地平を切開いていった」「反骨の歴史家」と評されている。西岡は、きわめて視野の広い歴史家であった。それは、歴史を上からの支配階級の側からでなく、根底から見ようとする姿勢から生まれたものであった。

かれの著作はすこぶる多いが、その中心をなすものは、何といっても荘園の研究である。『荘園史の研究』（三冊、昭和二十八〜三十一年、岩波書店）にまとめられた研究は、この分野での不滅の業績である。昭和九年の『荘園の発達』（岩波講座『日本歴史』）は、自墾地系と寄進地系という荘園の二類型をたて、以後の荘園研究の出発点となった画期的なものであったが、そこでの視角も、政治と社会の接点としての民衆の生産・生活の場としての荘園の構造の解明にあり、それまでの、いわゆる伝領派荘園研究の視野には入り得なかった「生活」を浮かびあがらせる端緒をつくった。

すでに昭和四年に発表された論文「池溝時代より堤防時代への展開」は、水田が「まず山間乃至《ないし》山麓地帯に萌し、漸次発展して平野に進出し、遂に大河川沿岸にまで到達する」過程を水利事業において見るものであって、比較的安定的な山間の水田から、不安定な平野部の水田への展開の過程をみごとに描いた論文であった。時代の生産力の問題への関心の持ち方は、「平安時代の農民の生活」（大正十三年）、「平安時代の土地開墾の一方法」（同十五年）、「農具の歴史」（昭和五年）、「中世荘地の干拓開墾」（同六年）などの諸論文にも示されている。

日本諸学振興委員会

昭和十三年（一九三八）五月、日本諸学振興委員会から一通の通知書が西岡の許に届く。委員長菊池豊三郎（文部次官）名の書状には、「歴史学会並ニ同公開講演会ヲ六月三十日ヨリ七月二日迄本省会議室（公開講演ハ東京市日比谷公会堂）ニ於テ開催致ス事ト相成候、就而《ついては》別紙歴史学部門ヨリ右学会ニ於ケル研究発表者トシテ貴殿ヲ推薦相成候ニ付、本学会ノ趣旨、目的ヲ充分御了承ノ上是非共御研究ヲ発表被成下度《なしくだされたし》」とあり、発表の題目は「国史学に於ける庶民的文化要素研究の重要性」で時間は二〇分間であった。

日本諸学振興委員会は昭和十一年に設置されたが、その規程第一条で「国体・日本精神ノ本義に基キ各種ノ学問ノ内容及方法ヲ研究、批判シ我ガ国独自ノ学問、文化の創造、発展ニ貢献シ延テ教育ノ刷新ニ資スル為日本諸学振興委員会ヲ設ク」と定められている。委員長は当初は文部次官が、昭和十六年からは教学局長が就き、二十余名（のち四五名）の常任委員により運営された。さて、西岡はつぎのような趣旨の発表をおこなった。

民衆層の文化を重要要素として、分量の上に多く取上げるだけでなく、質においてもこれを高く評価して、そうしたわが国史の上にそれを盛上げ、わが国史を組立てるならば、これまでわが国史につきまとっていた歪《ゆが》みを直して本当の姿を知り、正当な国史を認識することが出来るのではなかろうか。そうすれば、これまでのようにかさかさして呑み込みにくい国史のかわりに、うるおいのある納得のいく国史がここに出現するのではあるまいか。

このような趣旨の発表をしたのであるが、会場では「大きな反撃をくい壇上で立往生のていたらくであった」という（『歴史と現在』、西岡虎之助『近世における一老農の生涯』〈講談社学術文庫〉奥野中彦解説）。ちなみに、このとき公開講演をおこなったのは、三上参次、白鳥庫吉、高坂正顕、辻善之助の四人で、研究発表者は西岡を含めて三六人であった（『史潮』八年三号）。

松本芳夫、高居昌一、小野寿人、岩城隆利、竹岡勝也、中山久四郎、中山治一、村川堅太郎、杉本直治郎、丸山国男、古田良一、橋本増吉、白鳥清、日野開三郎、内藤智秀、小林栄三郎、東伏見邦英、前川貞次郎、吉田三郎、池田来、原平三、梅田育太郎、岡島誠太郎、鳥山喜一、和田清、岩井大慧《ひろさと》、豊田武、卜部照、有高巌、荻野三七彦、森末義彰、太田亮、伊東信雄、西岡虎之助、伊東多三郎、高山《こうやま》岩男

第三回歴史学会

のち昭和十七年六月二十五日から二十七日まで三日にわたり、第三回の歴史学会がおこなわれたが、研究発表の速記を印刷した『日本諸学研究報告　第十七篇（歴史学）』（昭和十七年十二月）によると、発表者はつぎのごとくであった。*

小倉豊文《とよふみ》、今宮新《しん》、村尾次郎、赤松俊秀、伊奈健次、山本達郎、木代修一《きしろしゅういち》、田中久夫、橋本実、鳥巣通明、長沼賢海、祇園寺信彦、酒井三郎、河部利夫、鈴木成高、佐藤直助、深谷博治《ひろはる》、松井武敏、野間三郎、米倉二郎、室賀信夫、内田寛一、杉本直治郎、守屋美都雄、浦廉一《うられんいち》、田坂興道、和田清、石原道博

学会における文部大臣橋田邦彦の「挨拶」は型どおりで、「抑《そもそ》も我が国は肇国以来万世一系の　天皇を戴き君民一体、一国一家の大和の中に生成発展を遂げて来て居るのであります。実に我が国史は肇国精神の一途の展開でありまして、実に連綿たる伝統の生命的発展であります」という調子であった。つぎに研究発表のうち二、三をあげてみる。

小倉豊文「聖徳太子の御事蹟御教学の顕揚について」は、太子没後の顕彰史を概観して

いるが、随所に小倉の独自の歴史観ないし哲学的な言辞がはさまれている。歴史学者の使命は「歴史的現実に即した行為的思想的実践への決意を促す」ような歴史叙述をおこなうところにあり、「現在までの歴史学発達の上に立った新しき高次の紀伝体の歴史の復興」をめざせと主張する。

杉本直治郎「大東亜共栄圏の史的必然と史的可能」は、つまらぬ文章である。「皇国日本を主体とする大東亜共栄圏」の確立の必然性は「皇国日本の皇国たる国体に基づくものであると解するより他はないと確信するものであります」と、結局何をいっているのかわからぬ文章である。

橋本実「武士道の現代的意義」は、鎌倉武士について述べ、「武士全体が鶴岡八幡宮の中にとけこみ、集団的意識に眼覚め、協和団結の精神が自ら作り上げられて行つた」という表現で示し、現代の「学徒報国隊の如き統一ある組織をなして、一人若《も》しくは数人の指導者の下に一致団結して、同じ目的、同じ精神をそこに見出して行動致してゐるのであります。これは曾《かつ》ての鎌倉武士の集団錬成を想起せしめるものがあり、而《しか》して鎌倉武士が主君のために、武士道の面目にかけて、一身を挺した気持を一層純化して、今や　上御一人の御ため一命を捧げまつる、投げ出し得るといふ心からなる自覚、即ち行学一致にまで高められた人間的錬成でなければならないのであります」などという空疎な言葉がならぶ。かつての橋本の著作『日本武士道史研究』（雄山閣出版）の持っていた研究的姿勢の一片も見えないことに驚くのである。

＊　なお、ついでながら、日本諸学振興委員会の昭和十七年度史学部臨時委員の名を挙げておく。和田清、平泉澄、小牧実繁、大類伸、松本彦次郎、栗田元次、橋本増吉、野々村戒三、中村一良、森下真男。

高橋碩一の『洋学論』

三笠書房の『日本歴史全書』の一冊で、昭和十四年七月に刊行された。第一部洋学の準備、第二部洋学の発展、第三部洋学の勝利、そして巻末には「参考書解説」の項があって、先行する業績を一覧しているが、高橋が最も多く影響を受けたのは永田広志（『日本哲学思想史』）と羽仁五郎（『白石・諭吉』ほか）であったことは明らかである（「はしがき」）。本書を書いたときの高橋の心情は末尾の文章に示されているように思われる。

かの百姓一揆、打毀しの破局的増大、更にそれらの下に明らかに認められた社会経済状態の進歩が幕藩制全封建制度下の反作用的強化により極めて抑圧され、封建的貢納関係の絆からの人民の解放又困難をきはめつゝも、マニュファクチュア及びこれを中心とする形成、分散を出で結合への傾向、人民の自由への道が最早おさへきれぬものとなつて居り、就中《なかんずく》安政開港による社会経済状態への急激なる変動はこれを一層破局的に進めたこと周知の如くである。

正にこれらの力の上に立ち、これら進歩への道を誤らしめざらんが為に、学問を進歩の為のもの、人民大衆の最大の幸福の為のものとしてこそかの洋学者の苦難の努力があり、かつ人民大衆の要望の中にあつたればこそ彼等は学問の道を誤らなかつたのであらう。

この文章の後半部分に、高橋の根本的な立場は示されている。そして高橋は、福沢諭吉の『文明論之概略』の「政府の暴力と人民の智力とは正しく相反対するものにて、此に勢を得れば彼に権を失し、彼に時を得れば此に不平を生じ其《その》釣合恰《あたか》も天秤《てんびん》の平均するが如し」の文を引き、さらに吉川忠安の「開化策論」の文を引用する。

天其国土中に人民を生じ、之に附与するに動すべからざるの通義を以てす。通義とは何ぞや。人民自ら生命を保ち自由を求め幸福を祈る等の類にして、他より如何ともすること能はざる者を言ふ。（中略）故に政俗時勢に悖《もと》るときは、則ち之を変革し、或は之を倒し、更に人民の安全幸福を保持すべき新政を行ふも、亦《また》人民の通義にして、共に誣《し》ふべからざる者とす。

高橋は、封建的抑圧のもとでの「洋学の挫折」を描き、苦悩を描いたが、つまりは「近代的な思想成長の中心」となっていった過程を述べることによって、大きな歴史的役割を果したことを評価した。そして高橋は、嵐にたち向かう学問のあり方を示し、眼前の戦時体制、人民抑圧の政治への抵抗を勇敢に呼びかけたのである。

藤間生大の業績　ファシズムの弾圧のなかにあって、渡部義通《わたなべよしみち》を中心とする研究会が活動を続けていた。石母田正《いしもだしょう》、松本新八郎、林基《もとい》そして藤間生大《とうませいた》らの研究会は、マルクス史学の灯を守り続け、着々と研究成果を蓄積していた。藤間は日本評論社に勤めていたが、研究の面では、まず昭和十四年には「初期庄園の分布形態とその分析――東大寺領庄園を例証として――」(『歴史学研究』九―七～九)を、同十七年には「庄園不入制成立の一考察」(『歴史学研究』一二―六・七)を書き、同十八年には『日本古代家族』(伊藤書店)を書いている。前二者は、戦後昭和二十二年に刊行された『日本庄園史』(近藤書店)として結実した。『日本古代家族』は、

第一章　世帯共同体の理論、第二章　大化前代の共同体、第三章　郷戸的家族制の成立、
第四章　古代の家族構造、第五章　古代家族の終焉

となっている。戸籍による郷戸の分析から、郷戸は氏族共同体から村落共同体への過渡的段階としての親族共同体であるとし、その崩壊過程に家族共同体と古代家族の発生を見る。この古代家族論を土台にして、戦後『日本古代国家』（昭和二十一年、伊藤書店）が書かれている。藤間はまた『歴史学研究』に昭和十四年度、十六年度、十七年度の「回顧と展望」を書いているが、処々に注目を惹く記述がある。たとえば、津田左右吉の所論にふれて、

かくして吾は思ふ、成程東亜新秩序、東亜協同体の叫ばれてゐる時、事実として嘗《か》つての日本文化と支那文化が歴史的に同一のものであつてくれることは非常に有難い。然しそれが事実でないとすれば吾々は眼をとざして日本文化と支那文化の同一をとなへ、東亜協同体論を唱へることが真に「政治的意義」をもつてゐるのであらうか。

（昭和十四年度）

と述べている。また、『万葉集』についての業績が続々と出たことにふれて、これは「過去を未来に正しく豊かに『媒介』しやうとする深い民族の要請に答へるものと考へるべきであらう」が、「往々にして未来に『媒介すべき』過去を求める要求の強烈さに圧倒されて、当時の事実（歴史）を離れ徒《いたず》らに美化され抽象化されたものを作り出し、これによつ

て人々を指導しやうとする、かくては、現実の実践を誤ることがあらう。故にこの際対象を現実に即して具体的に把握することをまづ第一の任務とする歴史家の任務は大きい」と記す。時局に便乗したというか、流されたというか、粗末な文章が横行していた当時の状況に苦言を呈したのである。

松本新八郎の業績

第二次大戦後に刊行された松本の『中世社会の研究』（東京大学出版会）に収録された諸論文のうち、戦時中に印刷に付されたものは五編ある。

①「土一揆の一断面」（『社会経済史学』九巻七号、昭和十四年）
②「室町末期の結城領」（『史蹟名勝天然記念物』昭和十五年）
③「六波羅時代」（遠藤元男編『日本歴史入門』昭和十六年）
④「郷村制度の成立」（『新講大日本史』昭和十七年）
⑤「名田経営の成立」（中村孝也編『生活と社会』昭和十七年）

右のうち④論文は、戦後の名論文「南北朝内乱の諸前提」（『歴史評論』二巻八号、昭和二十二年）と「南北朝の内乱」（原題「中世末期の社会的変動」東京大学歴史学研究会編『日本歴史学講座』昭和二十三年）の前提となったものである。最も著名な⑤論文は、松本の

「南北朝内乱封建革命説」の大前提をなす、かれの時代区分論の土台をなすものであり、代表的論文と称してよい。名田経営とは、つぎのごときものである。

名主の所有地名田のうえで行われる農業生産および名主の生産者に対する収取関係との総体を（いうのであるが、その場合）名主の土地所有が生産者の土地耕作に対する関係は土地所有と土地占有との対立関係にまで成立していない。いわば生産者の土地占有は、名主のもとに広汎な萌芽のままで窒息せしめられている（下略）。

松本は、大和国の小東白米免田の山村氏の農業経営を名田経営＝家父長的大家族経営と考え、

郷戸→家父長制大家族＝名田経営主→封建的小作制名主

というシェーマを想定する。この学説は、郷戸がただちに房戸に分解せず、有勢房戸は多くの貧窮化した房戸家族員を自己の奴婢として家父長制大家族を形成したとして、そのような家族による農業経営、いわゆる名田経営を措定する。この名田経営の具体的事例として松本が掲げた山村氏の経営については、清水三男《みつお》の「班田収授制の基底について」（『上代の土地関係』昭和十八年、伊藤書店）が封建的小作経営とする見方と対立する。石母田正《いしもだしょう》は『中世的世界の形成』で、名田経営から領主制（清水のいう封建的小作制）への過渡的

な形態としている。家族形態に関する松本の見解は、同じ研究仲間であった藤間生大の「親族共同体→郷戸→名主＝地方豪族＝武士」という見方への批判として出されている。

松本の戦時中のすぐれた業績は、渡部義通を中心とする研究グループの討議の中から生みだされたものであったらしい。かれらの研究主題は、古代から中世への変革を体系的に明らかにする点にあったらしく、官憲の眼からのがれ秘密裡に研究は続けられたらしい。厳しい弾圧によって、マルクス主義史学はほとんど潰滅したが、こうした少数の人びとによって、わずかにその火はともし続けられていたのであった。

石母田正の業績

昭和十九年（一九四四）十月、石母田正は、四〇〇字詰原稿用紙で七〇〇枚余の大作をいっきに書き下した。『中世的世界の形成』である。驚くべきことに、この大作は、東京西郊の自宅で、空襲に備えて暗幕を下した灯の下で約一ヵ月の間に書かれたものだという（岩波文庫版、石井進「解説」）。永原慶二は、「明治以来の日本史学史をかえりみても第一級の史書」と称揚している（『石母田正著作集』第五巻「解説」）。石母田がこの書を書く以前に雑誌に発表した日本史関係論文はつぎのごとくであった。

①「天平十一年出雲国大税帳賑給歴名帳について」㈠㈡㈢（『歴史学研究』五五、五七、

六〇号、昭和十三年）
②「奈良時代農民の婚姻形態に関する一考察――夫婦同居制並に別居制の一資料――」㈠㈡（『歴史学研究』七〇、七二号、昭和十四年）
③「王朝時代の村落の耕地――主として共同体的遺制としての――」㈠〜㈣（『社会経済史学』一一巻二〜五号、昭和十六年）
④「古代村落の二つの問題」㈠㈡（『歴史学研究』九二、九三号、昭和十六年）
⑤「古代家族の形成過程――正倉院文書所収戸籍の研究――」（『社会経済史学』一二巻六号、昭和十七年）
⑥「奴隷制についての一考察――その進化の過程について――」（『経済史研究』二八巻五、六号、昭和十七年）
⑦「奈良時代の村落に関する一資料――絶戸遺産の一考察――」（『経済史研究』二九巻五号、昭和十八年）
⑧「宇津保物語についての覚書――貴族社会の叙事詩としての――」㈠㈡（『歴史学研究』一一五、一一六号、昭和十八年）
これら石母田の研究の方向を見ると、それがただちに『中世的世界の形成』に結びつい

ていくとは了解しがたいものがある。実際、当初は日本評論社の「日本歴史学大系」の一冊として予定された「日本古代家族の研究」が纏《まと》められるはずのものであった。ところが「日本古代史の諸問題は古代が崩壊する時代の分析からのみ正しく提起される、古代から中世への転換時代の研究は古代史研究の終末ではなくして、むしろその出発点でなければならぬ、このことが確信された以上、たとえ十分の準備と見識なしにもこの仕事にとりかからねばならなかった」（『中世的世界の形成』初版跋文）というように、ために単なるそれまでの業績の集積（論文集）ではなく、「古代史はそれ自体として完結した歴史ではなく、次の中世社会の転換を内在するものとして理解さるべき」ものとし、平安時代は「日本古代の没落の時期に当り、古代から中世への転換期に見られる凡《あら》ゆる多様なもの複雑なものが顕現しているとともに、そこに二つの異った社会構成の推移を規定している内面的法則が生生と働いている」時代であり、この期の研究の必要性が痛感されたのである（「古代史研究の回顧と展望　昭和十八年度」藤間生大『日本庄園史』附録）。

『中世的世界の形成』　石母田の名著の構成はつぎのごとくであった。

第一章　藤原実遠――第一節　所領の成立、第二節　経営と没落、第三節　領主と東大寺

第二章　東大寺――第一節　黒田庄の成立、第二節　古代的論理、第三節　二つの法
第三章　源俊方――第一節　家系、第二節　武士団の成立、第三節　中世の敗北
第四章　黒田悪党――第一節　古代の再建、第二節　中世的世界、第三節　終末

ひと言でいえば、石母田はこの書で、伊賀国黒田荘をめぐって展開された「古代」（東大寺）と「中世」（源俊方・黒田悪党）の戦いを描いたのである。石母田は、蹉跌《さてつ》と敗北の困難な道筋をたどりながらも、奴隷の農奴への進化、そしてそれを基礎とする領主制の形成による「歴史の進歩」実現の過程を描いた。永原慶二が、いみじくも指摘するように、「石母田はそのような東大寺の背後に、氏の生きる現在の天皇制を見ていたことは疑いない。近代天皇制、とくに戦時下のそれは治安維持法と国家総動員法によって、人民の戦いをその根底から圧殺し去ろうとしていた。その苛烈な抑圧と、人民自身の中にもさけえなかった頽廃の広まり、そうした絶望的状況が、著者の内面においては『中世的世界の形成』の叙述と重なり合っているのである」。

石母田は、中世社会のにない手は在地領主であり、（農村に居館を構えて所領と農民を支配する武士による支配と経営を「領主制」と規定し）領主制の発展を基軸に据えて歴史の展開を見ることができるとしたのである。この石母田の「領主制理論」は、それまでの

歴史学の研究成果を十分に摂取して、雄大な構想のもとに組みたてられていたこと、その叙述の巧みさも加わって、日本史学および日本文学の研究に大きな影響を与えたのみならず、日本の東洋史学や西洋史学にも多大の刺激を与えた。

『日本歴史全書』刊行

三笠書房によって企画された『日本歴史全書』は、昭和十四年から十六年にかけて刊行された。その全容はつぎのごとくである。

1日本文化史総論（遠藤元男）、2日本原始文化史（樋口清之《きよゆき》）、3日本古代史（島田俊彦—未刊）、4日本上代史（川崎庸之《つねゆき》）、5日本中世史（遠藤元男・渡辺保）、6日本近世史（北島正元《まさもと》）、7日本近代史（小西四郎）、8日本荘園制論（今井林太郎）、9日本封建制成立史（遠藤元男）、10日本封建制再編成史（中村吉治）、11日本資本主義発達史（仁藤潔・成瀬秀雄）、12日本近代技術史（山本三郎）、13日本近代外交史（丸山国男）、14日本上代思潮芸術（桃裕行・家永三郎）、15神道論（石村吉甫《よしすけ》）、16日本仏教論（圭室諦成）、17日本中世思潮芸術（渡辺保）、18日本儒教論（万羽正明）、19国学論（山本正秀・渡辺秀）、20洋学論（高橋碩一《しんいち》）、21日本近世芸術（菅原教信）、22日本近代思潮（高岡宣之）、23日本近代文芸（大久保利謙）、24日本史学史（秋山謙蔵—未刊）

右のうち、今井の『日本荘園制論』は名著の誉れたかく、荘園史の概説書として現在でも高い評価をえている。昭和十一年から、小野武夫は日本学術振興会の補助をえて日本土地制度史の研究に従っていたが、今井は助手として荘園の部門を担当していた。その成果は昭和十八年に小野武夫『日本庄園制史論』（有斐閣）なる大著として世に出ている。刊行年次は前後しているが、内容的には、『日本荘園制論』は『日本庄園制史論』を要約したものといえよう。

今井の著書は、栗田寛『荘園考』（明治二十一年）、吉田東伍『庄園制度之大要』（大正五年）につぐ概説で、研究史上画期的な業績ということができる。とくに、今井みずからいうように「荘園の内部構造、殊に荘民の階層の分析」に新生面をひらいた。荘園研究史に照らして見ると、荘園研究の右の面に関する蓄積は必ずしも十分ではなかったにもかかわらず、今井の概説は水準を超えており、むしろ研究の方向を指し示した嚮《きょう》導《どう》的役割をになった。

遠藤元男の立場

全書のうちで特色を発揮しているのは遠藤元男の『日本文化史総論』（昭和十四年）である。遠藤は、つぎのように時代区分をおこなう。

原始（紀元前二〇〇〇〜同一年）

古代（西紀一〜六〇〇年）

上代（西紀六〇一〜一一〇〇年）
中世（西紀一一〇一〜一五〇〇年）
近世（西紀一五〇一〜一八五〇年）
近代（西紀一八五一〜一九一三年）
現代（西紀一九一四〜今日）

そして、古代奴隷制から中世封建制への移行の期間として「上代」（推古朝から院政期）を置く。遠藤の叙述は『日本歴史教程』や渡部義通『日本母系時代の研究』、同『日本原始社会史』、秋沢修二『日本社会と支那社会』などを参考しており、明らかに唯物史観の立場に立っている。遠藤は、王権の成立過程について具体的には述べないが、本書を読めば「皇紀二千六百年」に疑問を抱かざるをえない叙述である。

遠藤の著書でいまひとつ注目されるのは、西田直二郎の『日本文化史序説』（昭和七年、改造社）に対する批判である。西田は、

文化荷担者とは、なほ言はゞ、時代文化をその身に荷負し、文化発展の上に於ける機能が、他のものよりは著しく異るところの階級なり、集団である。歴史にあつては、時代の文化は、かかる階級や集団をもつてゐるものであつて、これらによつて文化が

推進せられ、支持されてゐるのである。従つてそのものの思想感情は、時代文化に相応じ、それを色彩づけてゐるのである。明らかな形に発展した上からして、平安朝文化について文化荷担者を言はゞ、一は貴族階級、当時の公卿朝臣であり、他の一は僧侶である。

と述べているが、これに対して遠藤は、「支配階級の文化のみが、時代の全文化であるとすることは勿論できない」と批判している。

吉野裕の『防人歌の基礎構造』

吉野裕《ゆたか》は、明治末期の詩人吉野臥城《がじょう》の四男である。その経歴はまさに波瀾万丈だが、立正大学での国文学の師であった篠田太郎との出あいが、かれの人生に大きな影響を与えた。吉野は、昭和六年（一九三一）に「第二無産者新聞」支局員となり、検挙され、翌年大学を退学処分となった。昭和八年、篠田の経営する楽浪書院の校正係となった吉野は、そこで『万葉集』とつき合うようになる。多くの文学者・評論家と面識を持つようになったが、十一年九月にまた逮捕される。釈放後、別の出版社に勤めたり、中国の北京近代科学図書館、また伊藤書店に勤務するが、十六年七月召集され朝鮮会寧の第九部隊に入隊。十一月除隊。そして翌十八年八月に伊藤書店から刊行したのが『防人歌の基礎構造』である（吉野裕『往事茫茫録』土筆社)。この書の構成はつぎのごとくである。

序章「防人歌《さきもり》」と「防人の歌」、第一 集団的自己の表現と類同性、第二「父母も」「我が妻も」の立場、第三 浜べのわかれ、第四 若い防人の歌、第五「五株柳」の周辺、第六「拙劣歌」の定位、第七 防人歌の「場」の構成、第八 防人歌の「言立て」的性格、第九 防人と歌の制度、結章 集団的歌謡の意味

この書は、「日本学術論叢」の一冊であったが、まったくの書き下しであるという。この叢書には、他に清水三男『上代の土地関係』や藤間生大『日本古代家族』、中島健一『英国史への地理学的序考』などが含まれていた。吉野の眼目は、かれじしんの「はしがき」に明示されている。少し長いが引用する(ただし文章は新版による)。

この小著は、はじめ、万葉集の防人歌は、防人たちに本来的な詩歌の様相を伝えているとはなしがたいとする、かつてひろくひとびとを疑惑にみちびいた見解への一批判として、出発したものである。けれども、それはたんなる一批判だけにとどまることはできず、防人歌の基礎構造を分析把握して再構成するという、いわば全面的な再検討となってあらわれねばならなかった。

かつてひとびとを疑惑にみちびいた見解、とわたくしがいうところのものの片鱗は、

おおよそつぎのごとき言葉に見とることができよう。――「巻第二十に於ける防人の歌は、防人部領使が課した作歌の答案であって、進上に当っては先生の添削を経たものである」「東国人の思想言語の研究にもあまり正直には引用せられない」（武田祐吉氏『上代国文学の研究』）。また「万葉集の二十の巻には此の防人たちの歌が百首載せてあるが、此等は都人士の口吻をまねて作った歌で、おまけに防人部領使等が選択をして出したもので」（高野辰之氏『日本歌謡史』）、そしてまた、「巻二十の防人の歌の多くは特殊の事情によつて作られたものであり、彼等のすべてが常にかかる歌を作つたのではあるまい。余は斯う考へて、万葉の歌を貴族階級知識階級に属するものの作であるとすることには何の支障もあるはずがないと思ふ」（津田左右吉氏『上代文学に於ける社会性』）等々。（中略）わたくしがここでなしたことは、防人歌を集団的歌謡に属するものとしてとりあげ、そこに焦点をあわせたことである。

吉野の仕事への評価

書店で吉野の書を見た西郷信綱は、しかしただちには読む気にならなかったという。「防人歌にかんする低俗目を掩《おお》いたくなるような、ろくでもない悪書が、玄人《くろうと》素人のものこきまぜて溢れていたのだから、これも何《いず》れそういう類いのものであろうと」思ったのである。だが、一読して西郷はふかい感銘をうける。「『基礎構造』という言葉がハッタリでなく額面通りであり、防人歌や東歌《あずまうた》について前人未踏の学問的分析が加えられているのを知って、著者に畏敬の念を抱いたことであった」という（筑摩書房版『防人歌の基礎構造』「本書に寄せて」）。

筑摩書房版を書評した北山茂夫は、戦時中、日本学術論叢の一冊として古代農民史を書くことになっていたが、「全く無名の人の手になる『防人歌の基礎構造』」をうけとり、それが「論文集」ではなく、書きおろしの労作であることに「驚異」を感じたが、「読みおえたあとには、驚異は感嘆に変っていた」と書いている。それまで、「防人歌をバラバラのかたちで理解し、そこに、農民の声をきくというやり方を一歩もでていなかった。そういう方法に懐疑さえもたなかった」自分を顧みて感嘆したと北山はいう（『日本文学』一九五六―八）。

林屋辰三郎は、その著『日本演劇の環境』（昭和二十二年、大八洲出版）の中で、吉野の集団歌謡説をうけて、「彼らは地方の生活に於て営まれる歌謡の体験と歌の諸断片を、この国毎の饗宴の座に運び来て、その座の感情にふさはしく歌ひかへるのであつて、その場合に『大君の命かしこみ』といふ如き誓詞的うたひ出しは、一種の発想的意味をもつたと考へられてゐる。かゝる立場から防人歌を眺めると、そこに歌謡に於ける結座的性質が浮び出すであらう」と述べている。林屋は、自らの芸能の諸座の成立に関する研究に、吉野の研究の「集団的歌謡の場」を重ねあわせ、これを「座」と置き換えて読んだのであった。戦時中『万葉集』は、さまざまに利用されたが、防人歌はとくに、もてはやされ、戦意を昂揚させる道具とされた。

今日よりは　顧みなくて　大君の　醜《しこ》の御楯《みたて》と出で立つ吾れは

（四三七三番、今奉部与曾布）

この歌などは、小学生でも暗誦することのできるほど普及し、

御民《みたみ》われ　生ける験《しるし》あり　天地《あめつち》の　栄ゆる時に　遇《あ》へらく思へば

（九九六番、海犬養宿禰岡麻呂）

なども、国民の決意表明の象徴のごとく扱われたのである。

阪下圭八によると、吉野の著作が出た頃、昭和十七年から十八年にかけて、「防人歌」を書名に掲げたものは六冊も出ている。これ以前には二冊しかないということであるから、戦時にあたって、一種ブームともいうべき現象が見られたのである（筑摩書房版「解説」）。吉野の書をはじめて見た西郷信綱が、これもいずれ低俗な書物だろうと思ったのも無理からぬことである。

小倉金之助の『日本の数学』

小倉金之助は特異な学者であった。かれは明治十八年（一八八五）山形県酒田港の回漕問屋に生まれたが、出奔して東京物理学校に学ぶ。ついで東京大学理学部選科生となったが、家業をつぐために帰郷。のち新設の東北大学理学部数学科助手となり、力学に関する論文で理学博士となる。大阪医科大学の理化学研究所員となり、フランスに留学。帰国後著した『数学教育の根本問題』（大正十三年）は大きな反響をよび、これが国定教科書の改訂をうながしたという。

小倉には、数学史についての著作が多く、その成果の集約されたもののひとつが、岩波新書に収められた『日本の数学』（昭和十五年）である。これは前年の秋、ラジオで、二五分間ずつ五日にわたって放送した原稿をもとに編成したものである。その構成は、第一日　和算のはじまり、第二日　和算の発展、第三日　和算の成熟とその特色、第四日　和算の特色（つゞき）と洋書の輸入、第五日　近代的数学の確立となっている。説くところは、江戸時代の数学、すなわち「和算」である。多数の写真・図版を付したこの書物は、好評をもって広く迎えられ、発売一年で六刷をかぞえた。

江戸時代、和算は驚くべき発展をとげ、その内容はきわめて高度な水準に達したが、その特質——欠陥といってよいが——は、自然科学や生産技術から遊離・孤立していたことであった。「ヨーロッパの微積分が、極めて密接に、力学や物理学上の理論や、諸現象の説明と関連しまして、忽《たちま》ちにして微分方程式や、変分学を生むに至りましたのとは、非常な相違と云はなければならない」と小倉は指摘する。

明治維新となり、西洋数学が滔々《とうとう》と流入してくると、洋算の便利さが和算をはるかに凌ぐことが実感され、和算は急速に衰えた。明治初期には、洋書が続々と輸入されたが、それを翻訳紹介した人びとの中心となったのは、実に和算家から転向した、おもに海軍関係の人びとであったという。訳語や記号の統一なども明治十年代前半からおこなわれ、近代日本数学の基盤整備という重要な仕事が、民間の学者たちによって担われたことを、小倉は強調している（下平和夫『日本人の数学』河出書房新社）。

そうした基礎の上に、本格的に近代数学を築く作業がおこなわれたが、それは菊池大麓《だいろく》や藤沢利喜太郎ら東京大学を卒業してヨーロッパに留学した指導者たちによって遂行された。小学校・中学校の算術・数学教育の体系が整うのは明治三十年代であり、それとともに、和算は忘却の彼方に置き去られることになった。しかし小倉は、江戸時代の和算が無駄だったとは考えない。「和算家が持つてゐた、あの鋭い直観的見透しや、あの逞ましい帰納の力」そうした長所が近代数学の中でも要求されるのであり、「国民大衆の科学的水準を高め」「もつと科学的な地盤を、作らなければなりません。それには、国民大衆が、もつと科学的に物を考へ、もつと数理的に事を処理するやうに進まなければいけないと思ひます。国民大衆の日常生活から出発しまして、科学的精神を開発し、数学的教養を取り入れることが、大切だと考へます」と主張する。

ひかえめであるが、小倉は、数学教育の問題点を明確に指摘している。明治三十五年から実施の中学校教授細目が公布され、数学教育の上で細かい点まで統制が加えられ、小学校の算術については、明治三十八年から国定教科書が作られるにいたったが、「この統制の結果としまして、わが初等・中等教育の数学的水準は、たしかに高められたには、相違ないのですが、その内容と方法につきましては、色々と批判されてゐるのであります」と小倉は書き、「学校数学」のあり方に疑問を呈した（小倉金之助『数学者の回想』昭和二十六年、河出書房）。

転　向

清水三男の『日本中世の村落』

清水三男《みつお》の『日本中世の村落』（昭和十七年、日本評論社）は、学生時代以来の、私の「愛読書」のひとつであった。大学の入学式当日、学友に教えられてこの本の存在を知り、神田の古書店で購《あがな》ったのである。日本の中世村落についての最初のイメージは、この著作によってつくられ、ついに生涯その影からのがれられずにきてしまった。清水の著作は、現在岩波文庫に収められ、石母田正の『中世的世界の形成』とともに、いまや「古典」に列した。平成八年十一月に刊行された岩波文庫版は、大山喬平、馬田綾子の校注によるものだが、旧版の第一部のすべてと第三部余論のうちの「村落と市場」「建武中興と村落」の二編を収録している。つぎに旧版の構成を示す。

はしがき
序　中世村落の研究について
第一部　本　論
第一章　莊園と中世村落の関係
第二章　保と村落
第三章　莊園文書に現れた村
第四章　郷
第五章　中世村落生活
第二部　各　論
一　若狭国名田莊
二　摂関家大番保
三　東大寺領大和国添上郡河上郷
四　山城国上賀茂社境内六郷
五　禁裡御料所山城国山科七郷

第三部　余　論
一　田堵の性質
二　村落と市場
三　建武中興と村落
四「名」に関する江戸時代の諸説
五　中世村落研究の歴史
あとがき
索　引

清水の学問的業績、なかんずく『日本中世の村落』の研究史上の意義については、大山・馬田の「解説」が詳しく述べている。著作に一貫しているのは、「自然村落の概念」である。政治的・制度的にかたちづくられた荘・保・郷・村などの地域単位を、ていねいに究明することによって、その背後、あるいは基底にある中世の「郷村」の姿を浮かびあがらせようとした。中世は、村落が国家生活の基礎をなしていると清水はいう。

個人的な体験からいえば、荘園と村落は別ものだという主張に、私はまず衝撃をうけた。中世は「荘園制の時代」という単純な理解しかなかった者にとって、これは衝撃的であった。国衙領について説くところでも、清水の『上代の土地関係』（昭和十八年、伊藤書店）所収の論文とあわせて、「荘園一元論」みたいな見方しかできなかった私には、これは新鮮であった。名田・名主についての考究と、中世の「村人」の多様さ、そして村落生活の具体的な叙述に、私は魅入られ「愛読」したのであるが、中世の郷村の生活・文化の豊かさが強調されていると読んだ。大山や馬田が指摘するように、中世の村落は「文化的に痩せ細った村落」ではなく、「村落自体の中に都市的要素が」「多く混有されていた」のであり、「都市と農村の文化交流によって都の文化が磨かれ」るという「郷の文化の水準の高さ」が説かれている。

清水への批判

清水は中世村落を「牧歌的に」とらえすぎたという批判がある。とくに、第二次大戦後の学界の雰囲気からすれば、そのように感じられたのも無理からぬところであった。それと、清水の著作が述べる「国家」（近世的国民国家）について、大山喬平はつぎのように書いた。

清水が国民国家を口にするとき、つねに念頭に置かれていたのは一九四〇年代前半の、第二次世界大戦を戦う大日本帝国のあり方であった。かつてマルクス主義に傾いたことのあった清水は時の日本国家に批判的言辞をもらしていない。かれはあるべき国家のありかた、民衆の自治にささえられた真の意味での国家形成をただ抽象的に説くのみである。こうした清水をどう見るかはむつかしい。清水は私の解釈では現実の日本帝国のありように意識的・無意識的に目をつぶったのだと思う。それが精一杯の清水の抵抗ではなかったかと、このように敗戦後実に半世紀を過ぎて、私は思うのである。そこにはまた清水の大きな限界があったのであると。

清水の業績が偉大であるだけに、それが戦時中の著作であることを承知のうえで、また清水が「思想問題」で、懲役二年、執行猶予三年の判決をうけ「保護観察」の下にあったという条件をも承知のうえで、なお研究者としての姿勢を問う文章があった。日本史研究会「清水三男の生涯とその業績」（藤谷俊雄執筆『中世荘園の基礎構造』昭和二十四年、高桐書院）もそのひとつである。

彼が『中世の村落』においては初期の荘園研究に示した階級的観点からする分析の態度をとらず、専《もっぱ》ら名主層に社会的統一と文化創造との積極的役割を見ようとしたことは明らかである。しかし彼の示そうとした共同体的結合は、決して当時流行の支配者と人民階級との対立を無視したごとき「共同体」ではなかった。領主階級、上流武士階級に対立するものとしての人民階級の生活を考え、人民生活の擁護者、人民階級の代表者としての名主階級の役割を考えようとしたものである。彼は太平洋戦争の進行につれてますます野蓄《やばん》化していった、軍部を中心とする天皇制政府の日本人民および日本文化に対する破壊的暴圧に心から憂慮を抱き、これに対するには全人民階級の一致団結した防衛のたたかい以外にないと信ずるようになっていた。『中世の村落』にはこのような彼の意識の歴史における反映を見うるのである。そこで彼は農村における名主、農民を含んだ人民層の領主階級に対する対立をより大きく評価したのである。もちろん、このような彼の考え方は今日批判されているような欠点を『中世の村落』に与えている。これに対する学問的批判は厳重に加えられなければならないが、彼の主観的意図が決して時流に対する単なる妥協や屈服でなかったということだけは認めてやっていただきたいと思う。

清水の研究業績を要約し、「荘園をマナーと比較する当時の主流的見解を批判、制度としての荘園にとらわれぬ村落生活に農民の真の姿を追究」したと評価した網野善彦は、にもかかわらず「清水の真摯《しんし》な追究が、当時の軍国主義、天皇崇拝の積極的な肯定につながっていった点に大きな問題が残されている」ときびしく記している（平凡社『日本史大事典 3』「清水三男」の項）。

『ぼくらの歴史教室』

鈴木良一は、「清水三男『ぼくらの歴史教室』——研究者の戦争責任——」（『中世史雑考』昭和六十二年、校倉書房）なる文章で、中学生のために書かれた「ぼくらの文庫」（大雅堂）の一冊を紹介、批判した。この書は全一三項からなるが、明治維新以後の記述はないとのことである。戦時中の、しかも中学生向けの本だということになれば、その内容もおよそ想像がつく。「畏《かしこ》くも、後深草・後陽成・霊元・後光明の各天皇の宸翰《しんかん》」を拝観して「他の武将などの書状とは比べ物にならぬ気品が全面に溢れてゐて、思はず頭の下るのを覚え」たとか、「わが国体に対する絶対の自信、即ち正成の考へる正義は、天照大神の御力に守られて必ず最後の勝利を占めるにきまつてゐるといふ安心が、易々と死につかしめたのであると思ふ」などと書かれているのに対して、戦時中を知る者としては少しも驚くことはない。また、神社の神事を語って、「神代は今でも存在するのだ」と少年にいわせたりするのも時局がらといえる。

鈴木はいう。「何をどう書いたかより、まず何を書かなかったかが問題であろう」と。「正成の偉さ」の項で建武中興《けんむのちゅうこう》等、「江戸時代の歴史学」の項で大日本史と明治維新にふれはするが、清水は、大化改新《たいかのかいしん》、建武中興、明治維新それじたいについて詳しく書くことはなかった。そして、「楠公の真の偉さを知らないで、たゞ之《これ》を崇拝するのではほんたうの崇拝ではない」とか、「平素百姓をいぢめてゐて、それ軍《いくさ》だといふので、之を駆りたてて来て、輜重《しちょう》や槍隊に使つたとて、一軍の統率ができるものではない」などと述べる。こうした文章を書いた清水の真意は了解できるが、問題は読者である中学生がどううけとったかである。

これは、清水の場合だけの問題ではない。書き手の意図するところと、実際に読者に与える影響とは必ずしも一致しない。戦時中の少年たちは、幼時から大日本帝国の忠良なる臣民たるべき教育をうけて成長し、おそらく清水の「真意」を汲みとることなど、できはしなかったであろう。生徒たちは「聖戦」を勝ちぬくために国史を学んだにちがいない。鈴木良一は、非情にも書いた。「清水君がこの本を書いたのは、なんとしてもまちがいであった」と。

『素描　祖国の歴史』

清水三男には、啓蒙的な著作がもう一冊ある。『素描　祖国の歴史　附演技小史』と題する、B6判、二〇五ページの小冊子で、昭和十八年十月星野書店から出版された。清水浩の「あとがき」によると、清水が召集令状をうけとった直後に書きあげたもので、附録の「演技小史」は、その二年ほど前に映画関係者を対象とした話をもとに書いたものという。この書物の構成は、つぎのようである。

第一　国史を知るの要、第二　国生み神話、第三　わが古代の氏族制度、第四　聖徳太子の時代、第五　大化の改新、第六　天平の文化、第七　かなの発明、第八　頼朝の開幕、第九　鎌倉の新興仏教、第十　建武中興の政治、第十一　室町時代の社会と文化、第十二　室町時代に於ける邦人の海外発展、第十三　豊臣秀吉の統一事業、第十四　江戸時代の社会、第十五　江戸時代の学問、第十六　明治以後国運の進展、第十七　結語

清水はいう。いまなぜ国史の知識が求められるのか。それは「今や万民翼賛の政治体制が切実に求められるに至つたからであり」、難局にたち向かうためには「輝かしいわが祖国の歴史」を回顧する必要がある。「一億一心の実は国史を知ることによつてよりよく顕はれるべきものである」と。

『ぼくらの歴史教室』では大化改新にふれなかったというが、『祖国の歴史』では一項をたてて記述する。大化改新は「氏姓の制による国家組織を改めて、豪族私有の土地人民を朝廷に奉還せしめ、中央集権の鞏固な国家体制を肇め給うたものであつた。この大変革に際して、大した障害も見ず、国民が一致してその実現の速かならんことを助けたことも、外国に例の少いところであらう」という。「建武中興の政治」の項では、「後醍醐天皇の御理想は幕府政治はもちろん、院政、摂関政治の永久廃止により、本来のわが国の面目に復

帰することにあり、その精神に於いて明らかに明治維新の先駆であつた」と記す。明治維新そのものの叙述はほとんどない。明治以後の記述もすこぶる簡略であるが、結びの文章はつぎのごとくである。

進路を一転させた事件は昭和六年の満洲事変であつた。本来のわが国の面目に立ち返へらしめ、自立自主の精神の下に、英米追従の癖を一擲《いってき》、これと戦ふことが内外の急務となつた。利己主義、享楽主義は一掃されて、日本国家のために、東洋諸民族のために、各人が挺身して立つべき秋《とき》が来た。英米のための世界を変じて、諸民族共栄の世界とすることが吾々《われわれ》の任務となつた。

附録の「演技小史」は、受講者の性格からか、文化史的叙述が中心となり、いくぶん、口がすべるところがある。現代の叙述では、「思ひ上つた彼が南満洲鉄道を破壊したのを期に、彼我の衝突が生じこの間に軍閥匪賊《ひぞく》の横行に苦しんでゐた満洲蒙古の民はたつて独立し、満洲国をつくつた」「(支那事変の)目的は領土獲得にあらず、真の東洋平和にある」「東洋人の東洋道徳による国家秩序を建設するにある。この戦ひが聖戦と呼ばれることはその点にある」と述べている。

「はしがき」で清水は、「国民全体の文化向上に資する」ために国史通記を書くのだと述べたが、その記すところを見れば、戦時下のほかの著作物と相違するところはない。清水の「真意」がどこにあったかは推量できないが、文章が示すところを客観的にうけとれば、それは天皇中心主義者や皇国史観の信奉者の叙述と異なるところはない。「転向」者の苦悩を汲むことに吝《やぶさ》かではないが、清水の学問的業績を評価するひとりとしては、鈴木良一と同じく、かれが「この本を書いたのは、なんとしてもまちがいであった」、あるいは「書いてほしくなかった」という気持である。

芳賀幸四郎の苦悩

芳賀幸四郎は、東山文化の研究などで多大な業績を挙げた学者であったが、青年期に思想的な挫折を経験している。芳賀は、昭和六年（一九三一）東京高等師範学校（文科一類）三年生のとき、左翼的教育運動に関わったとして退学処分をうけ、翌年秋、国民精神文化研究所の研究生となった。研究所の事業部に研究生指導科と称するものがあり、思想的理由で学籍を失った高等教育機関の学生・生徒を転向させるための教育機関で、芳賀は哲学の紀平正美《きひらただよし》（事業部長）と経済学の山本勝市（のち思想科主任）の指導をうけ、昭和九年一月に復学した（芳賀幸四郎『禅の心　茶の心』平成八年、たちばな出版）。

芳賀は、昭和十八年刊行の日本文化協会『日本文化』*（九二冊）に「近世初頭における一町人の性格――島井宗室――」を書いた（この論文はのち『近世文化の形成と伝統』〈昭和二十三年、河出書房〉に収録）。そこには、

大東亜共栄圏の建設、世界歴史の新たなる創造、世界的世界を舞台とする縦横の活躍、それを自らの使命とする現代日本人が、どのやうな日本人であるべきか、それは今更いふまでもあるまい。大胆に即して慎重、豪放にして細心雄大な構想力と裏づけあふ堅実な胸算用、総じて胆大心小ともいふべき性格、それこそ嘗《かつ》ての躍進日本を荷担した近世初期の町人、ひろく桃山時代の性格であつた。

というような文章が見える。

＊　右の書の刊行主体であった日本文化協会は、昭和十年に『日本文化時報』なる月報を出し始め、ついで『日本文化』と題する雑誌を発行していた。河野省三『歴代の詔勅』、吉田熊治『明治以後詔勅謹解』、紀平正美『我が国体に於ける和』、河野省三『我が国体と神道』、大串兎代夫『帝国憲法と臣民の翼賛』、海後宗臣『大東亜戦争と教育』などがある。

芳賀には『東山文化の研究』（昭和二十年、河出書房）という大著がある。本書出版の日付は敗戦後の十二月十五日となっているが、内容的には戦時中の著作であり、「はしがき」は「昭和十九年明治の佳節に」と書かれている。「五山禅僧の教養と世界観」「公家社会の

教養と世界観」「足利義政の宗教生活と世界観」「東山文化の性格とその成立」など一五編からなるが、史料を博捜した基礎的研究が多い。芳賀みずから「『学問のための学問』ともみえてかうした客観的・実証的研究」というが、それは決して「迂遠無用どころか、更に一層必要ないとなみでなければならない」と述べ、つぎのように記す。

国家当面の国策的要請に直接する課題を研究し、或ひは国民の決戦士気をぢかに鼓舞する国史書を書くことは、無論、その最も優越なありかたであらう。だがもし、『国家有用』をこれだけに限局するとするならば、それは余りにも狭隘にすぎぬであらうか。従来の国史学の余りにも冷やかな実証主義の行きかたに反動し、国史学に対する時代の要望に過敏に反応しようとするあまり、ともすれば学としての厳密性を第二義に貶《おと》すきらひのある浪漫主義史観や、或ひは国史学と国民道徳学のけぢめを忘れ前者を後者に隷属せしめる危険のある道徳主義史観が、最近頗る勢力をえつつあるやうであるが、そこに行過ぎはないであらうか。(中略)偏狭な国史認識はやがて偏狭な実践をもたらすことをおそるべきである。

戦時中の著作の多くが、本文の内容とは必ずしも関わりなく、序や跋で「国体」とか「日本文化の伝統」「大東亜戦争の歴史的意義」を論じて「八紘一宇」などの語を多用した。

芳賀の場合も、「国体の本義」「皇国文化の伝統護持」などの言葉が散見し、また「皇国の歴史の主体は、天皇を中心とし奉る日本民族の悠久一貫の大生命である」などという文章が見える一方で、「実証主義」の立場を貫こうとする姿勢を見出すことができる。転向者としての心情は、複雑なものがあったことであろう。

民間史学

「歴史に学ぶ」

昭和史論争

かつて昭和三十年代の初期に「昭和史論争」なるものがあった。遠山茂樹・今井清一・藤原彰共著『昭和史』（岩波新書、昭和三十年）をめぐる論争であった。発端は、評論家亀井勝一郎が『文芸春秋』（昭和三十一年三月号）に書いた一文「現代歴史家への疑問」であった。

亀井の批判は、つぎの三点に要約できると思われる。第一は、歴史家の文章の拙劣なこと、第二は、歴史家は過去の人間より自分の方が進歩しているという「迷信」（＝進歩史観）に陥っていること、第三に、歴史家は「追体験」の深みがなく、「人物を語って、愛しているのか、憎んでいるのか、わけのわからない史書」を書いていると批判した。亀井の批判に対して、さまざまな人が反論あるいは共感を示す文章を書いたが、そのやりとりの中で、歴史家の書く「歴史」は「人間不在」の歴史ではないかとの批判がたかまり、「人間不在」が一種の流行語になった。それだけに、「人物」さえ書けば人間の歴史になるかのごとき、低俗な理解をも生んだ。

亀井は、「人間の描写」すなわち、人間を描く「文学的才能」を歴史家に要求したのであるが、かれの文章をかりれば、「歴史に入りこむとは、人間性の微妙さに直接ふれること」であり、「歴史に入りこむことは、様々な人間や事件と翻弄の関係に入ること」であって、「あらゆる矛盾の認知であり、断定し難いところで迷うそのすがたが、史書の一つの魅力となる」のである。

歴史教育についても、亀井は独自の考えを述べる。「誰がやってもむずかしいと思う。歴史教育とは一種の誘惑術だからだ。或る時代や或る人物に愛情を抱かせるように仕むけなければならない。愛情への誘いのための技術者たるを要する。歴史とは何か、伝統とは何か、そういった抽象論は一切無駄である」という。

亀井のような考え方をとる人びとは意外に多く、単純に「歴史上の人物に学ぶ」とか、「歴史の中に処生訓を見出す」、あるいは「徳川家康の戦略に学ぶ」という類の文章が、一般向けの雑誌に載り、また単行本も多く出版されている。小説家や評論家の書いた「評伝」の類から処生訓を引きだしたりすることは、別に咎《とが》めだてすべきことではない。しかし、史実に忠実であろうとする学問的な著述と「創作」とを混同する傾向は一般に著しい。「社会有用の学」たらんとして、「学」としての本来の属性たる「実証」を疎《おろそ》かにし、「批判」を喪失していく傾向は、いつの時代にも認められる。

『皇国生成史論』　ここに、志村陸城『皇国生成史論』（昭和十八年、同文館）なる一冊がある。「著者年譜」によると、志村は明治四十四年（一九一一）生まれの、宮城県出身の陸軍軍人であった。陸軍士官学校卒業後、満洲事変に従軍、中尉となったが、二・二六事件に坐して免官となり、内原訓練所、満蒙移住協会の職員、巴利《パーリ》文化学院理事、仏教圏協会理事、企画院嘱託、大東亜省嘱託などをつとめた。

「はしがき」で、志村は「此《こ》の書が何か所謂《いわゆる》学的な業績を目途としたものでないことはわたくしが本来所謂史家でも史学者でもないことから当然である」と断っている。

歴史は足跡を画くことにその任があるのではなく、実にその渦中に我を立たしめるためのものだとわたしは思つてゐる。われわれは一切の努力をあげて歴史中の人物になつてみなければならない。歴史の中に呼吸してみなければならない。

これは、さきにみた亀井勝一郎の歴史観に符合する。そして、志村の著作の構成は、つぎのようになっている。

第一章 民族の生成、第二章 民族文化の生成、第三章 幕府の発生とその改革、第四章 維新運動の二様式、第五章 維新奉行者の錯誤、第六章 忠臣の性格、第七章 日本的思惟、第八章 歴史と伝説、第九章 分裂と復古、第十章 歴史と思想戦、第十一章 歴史と体現

もちろん、この書は、著者みずからいうように史実を明らかにしようとするものではなく、評論である。「建武中興」について、「重要な一因を両統迭立《りょうとうてつりつ》」に求める説について批判し、そのような説をなす者には「史実があつて、思想がない。綴りあはせは上手であるが、信仰がない」「天皇、皇室に対する、信仰、思想、哲学のないがために、犯すところの、恐懼すべき誤謬である」と書く。「史実があるために、しかるのではない、史実のあるなしにかゝはらず、しからざるべからざる筈である」とも。

『日本精神研究』 大川周明《しゅうめい》の『日本精神研究』は、はじめ昭和二年に刊行されたが、昭和十四年に明治書房から、装いを改めて再刊された。私が所持しているのは十八年八月の一三九版で、発行部数二万部である。

日本の近代化は、西欧文明の摂取によって推進された。近代の知識人は、西欧文明をいかに学び、これをいかに伝統的なるものと調和せしめるのかを課題とした。ある者は徹底的な欧化主義者となり、ある者は日本に回帰し、そして多くの人びとは、東西文明の調和・融合の可能性を疑わなかった。

精神多年の遍歴の後、予は再び吾が魂の故郷に復《かえ》り、日本精神其者のうちに、初めて予の求めて長く得ざりし荘厳なるものあるを見た。

かれは「小禍に頓挫し、微憂に懊悩して、救を基督《キリスト》に求め」「この教に力を得て、幾多の難関を事もなく」過ごしたが、のちにキリストの教えと同じものを「法然・親鸞の宗教に見た」という。ついで大川はマルクスに接近するが、のちにいたり佐藤信淵の説くところが「マルクスと同じく救世済民の為の改革であり、而《しか》もマルクスとは決して同日に談《かた》り難き、深遠なる思想に根ざせる理想国家の提唱」であることを知った。さらに、プラトンの国家論と同一の思想を『大学』の中に見出し、熊沢蕃山や横井小楠の思想も「其の拠って立つ所の根本精神」は同じだと知る。同じくエマソンの思想を陸象山、王陽明の中に見出し、ダンテに学び、ダヰンチに驚嘆し、スピノザを訪い、ヘーゲル、フィヒテに感激して「実に日本に思想なしと思つたことさへある」。そして大川は、仮令《たとい》劣機にてもあれ、自己の本然を尽すは、巧に他の本然に倣ふに優る。自己の本然に死するは善い、他の本然に倣ふは恐るべくある。そして「如何《いか》に況《いわ》んや日本の本然が、啻《ただ》に劣機に非《あら》ざるのみならず、実に森厳雄渾なるを知りたる以上、予は勇躍して予の全心身を日本其者の為に献げねばならぬ」と。

かつて井上哲次郎は、ドイツ観念論の倫理学説を「人以て舶来の新説とすれども、是れ古来朱子学派の唱導する所に係る」といい、「東西文化の融合」を説いた（『日本朱子学派之哲学』明治三十八年、冨山房）。異質の思想を容易に接合し共存せしめる「寛容」の伝統について、丸山真男はこれを「思想的座標軸の欠如」で説明した。「思想が対決と蓄積の上に歴史的に構造化されない」ために、「伝統」への思想的復帰は驚くほど速かにおこなわれ、「日本主義への転向」もはなはだ容易であったと（『日本の思想 I』岩波新書）。

「日本歴史学の建設」　戦前・戦中の著名な評論家として保田与重郎《やすだよじゅうろう》の名を逸することはできない。保田は「日本浪漫派」の中心的指導者で、独自の発想と飛躍に富んだ晦渋《かいじゅう》な文体で知られた。保田の歴史観を端的に示す文章が「日本歴史学の建設　国史確認の問題」（『公論』昭和十六年三月号、『保田与重郎全集　第九巻』講談社）である。保田は、世におこなわれる文化の翼賛運動について、それのもつ心構えに危惧《きぐ》を感ずるという。「それは方法論や構想の問題でなく、現実の国家の運命や国民の精神並びに心理に対する認識の問題である」という。明治の修史官の伝統をひきつぐ史家は、史家というより、単なる史料の発掘整理者にすぎず。かれら「史家の描いたものは、彼らの歴史観の喪失過程のみならず、一般に国のいのちとしての歴史を失つてゆく過程の記録とさへ思はれるものが過半である」と評し、そしていう。

我々の国民に何を感じさせ、何を決意さす如くに、我々の国史は書かれねばならぬか、その問題は今日の史家の考へるべき眼目である。（中略）歴史はそれを学ぶものが一人残らず、復讐と救国の思ひに燃え立つやうに書かれねばならぬ。

保田はこう主張し、このような事態を生むにいたった元凶は「ブルヂョア政権の手厚い擁護下にあつた文化業者と修養書籍販売人たち」――岩波書店と講談社であるという。

我々の近来の先人は、我々の国史を貫き、身を殺し血を流して国の礎となつた人々によつて描かれた歴史を顧みたとは云へない。多くの文化的先人は、国史の形而下をのみ戸棚に整理しつゝ、我々の国史を貫いた精神は四分五裂にきりきざまれ、これを厚顔な修養書籍商人の蹂躙するにゆだねてゐたのである。

素人史観への批判

徳重浅吉《とくしげあさきち》の『日本文化史の研究』（昭和十三年、目黒書店）は、かれの論文集である。所収論文中の一編「鎮西島津の庄」は、学部の卒業論文を書くときに参考にし、「太宰府に於ける菅公の生活」は、小著『菅原道真』（教育社）を書くときに読んだことがあったが、今度あらためて「序」を読んで、この論文集に込められた徳重の想いを理解した。

本書刊行の前年に、中国大陸では全面的な戦いが始まっていた。「時局」に便乗する著作物が大量に書店に出まわる。徳重はいう。現在の史学は非常なる盛行をみせている、さきの文化史の提唱、唯物史観への傾倒、そしていまの精神史へと、歴史が論ぜられ書かれるのは思想界の一偉観というべきではあるが、「然し其《そ》の中には随分不精確な研究、得手勝手な論断も多くて、反《かえ》つて正論・真理を晦《くろ》うするものが」あると。

文化史と及びその深き目的探求の一部面である精神史とは、元来此の種の考証的研究を軽んじ易き性格に於てあり、マルキシズム史学は、一見極めて堅牢なる実証科学たるが如きも、先づその出発点に於て偏倚《へんい》せる独断的観念論を基礎として居る。これ即ちマルキシズム史学が既に権威を失ひ文化史は未だ到るところまで到らないのに、精神史が一世を風靡し、而《しか》もその精神史も亦《また》通俗一段の究明に終始して、今や前路壅塞《ようそく》の傾きがある所以《ゆえん》ではあるまいか。

いいかげんな「精神史」の横行は、徳重にとって、がまんのならないことであった。

昭和十七年、弘文堂書房から刊行された村山修一の『神仏習合と日本文化』は、神仏習合の「日本精神史」上の意義を明らかにしようとしたものである。村山は、その「序」で、「皇紀二千六百年を機会として、日本歴史に関する夥《おびただ》しい論著が公にされた中にも、われわれの注意をひいたのは、専門外の人々による労作が頗る多いといふ事実である。個々の事情はさておき、そのいづれもが究極の目的としたところは、恐らくわが国民精神の作興にあつたであらう。しかし同時にそれは、われわれ国史研究者たちにも深い学問的な作興を促したのである」と書いた。持って回ったいい方であるが、要するに、時局便乗の、素人による粗雑な史書の氾濫を放置しておくわけにはいかないということである。「現下の情勢に顧み、殊に真摯《しんし》なる研究の要望されつつある日本精神史の如きは、外形上その体裁を整へやすくして、実質的には未解決なる部分を数多く存してゐる」のである、「徒らなる恣意的主観に陥ることなく、あくまで科学的なる方法に基づか」ねばならぬと、村山は念をおしている。

鉄の文化史

福士幸次郎の鉄の文化探求

福士幸次郎は、近代詩史の中で忘れることのできない自由詩の詩人である。詩人・詩論家・評論家としてのかれの仕事は、わが国近代文学史上にいちおうの位置づけがなされている。かれは、大正三年に詩集『太陽の子』（洛陽堂）を、同九年に詩集『展望』（新潮社）を出したが、以後詩作を断って、詩論研究、評論・随筆に転じ、一時は「売れっ子」であったという。その福士が、大正末年から昭和初年にかけて、放浪ともいえる旅行を繰り返す。鉄に関する雑多な資料を集め、その成果は昭和十六年三月から十二月まで日刊紙「大民」に連載される。「大民」は大民社（編集兼発行人花田半助）の発行になるタブロイド版の「排共産主義、排反動主義、排独善主義を信条とした」新聞であった。のちにこれを纏《まと》めて『原日本考』（昭和十七年、白馬書房）と『原日本考　続編』（同十八年、三宝書院）の二冊として刊行した。両書の目次を示すとつぎのごとくである。

『原日本考』――日本語の特質、鉄の存在を探る、神武天皇の時代、神功皇后の時代、鉄の生産技術、サビ語類、単眼神の信仰、鐸の祭祀、サナミ・サナギの語義、伝承と歴史、祖先生活を夢む、農耕法上の最始の特徴、上田川内、開耕技術と鉄製農具、開耕法の進歩、農業社会の成立

『原日本考　続編』――出雲勢力の考察、北九州の海洋民族、九州諸材料から見て、安曇氏と阿部氏、素戔嗚尊、ヅクの御柱、賽神・道祖神、猿田彦神、神聖な秘所・サナギド、鈴と天狗の鼻、天目一箇神、湮没されたる過去

民族の形成過程

日本古代史の中で、鉄の重要性に注目した研究はいくらもあった。文献・伝承の中に見える断片的な鉄の面影を逐《お》う仕事は確かに存在したが、福士ほど鉄にうち込んだ者は、かれ以前にはなかったのではないか。福士は「鉄の古代史」の構想を持ち、その実現をめざしたのである。

一方、福士は古代の農耕法に注目し、その原初形態を「アゲタ」なる言葉の中に見出す。

アゲタは「山地の勾配を応用した階段耕作、雛壇耕作の田」で、とくに古い形態は海岸山地のそれである。かれは、そのヒントを北陸の見聞から得たらしい。耕地はやがて平地に降りて田屋式農耕にうつり、定住性を加えて、越中平野の「散落農村」となるのだという。

鉄および鉄の信仰と農耕法について述べた福士は、日本民族の形成過程をつぎのように考えた。すなわち、日本民族の祖先は南太平洋から北上し、一方はフィリピン、台湾から沖縄の島々を経てこの列島に分布し、また一方は中国大陸沿岸を経て山東半島から朝鮮半島・日本にいたる。「わが国最古の航海部族である阿曇《アズミ》」が列島内の鉄と生活資料を求めて北上し、半農・半漁の生活を永く続けたのち、しだいに海岸から内陸へ、さらに山地へと入りこみ、ついに山地農民として定着した。かれらの耕地がアゲタであり、祀った神が一目の神、鐸である。熊野でいう「一本ダタラ」という怪物こそ、この神の零落せる姿にほかならないと。

福士は、記録を伴わず「伝承」をもって語られる歴史を掘り起こすために「伝承学」樹立の必要を主張するが、「事実の如何は問ふ所でなく、感動を以て其のまま承認せられ、斯《か》く語られるのが根本からの特徴である」「歴史は畢竟《ひっきょう》想像による世界の再現である」といい、言葉を探り、文献を読み、そして現地に赴く。伝承と景観から、かれは「歴史」を感得するのである。

福士の仕事は、いかにも粗っぽいし未完成である。その議論は素人的で幼稚なところがあり、現在の学問的水準に立って批判を加えることは容易であろう。しかし、その研究史上の意義は没却すべきではない。かれの「鉄の神話・伝承の体系」の主張は、従来の、農耕一元論的な神話・伝承把握への批判となっており、大きな問題を含むのである。戦後公刊された吉野裕の『風土記世界と鉄王神話』（昭和四十七年、三一書房）がそれを教えてくれる。「鉄」を基軸に据えて記紀神話を理解しようとする吉野は、「農耕文化一元論的な神話把握が」「天皇制神話を護持するのには大変都合のよい学問的基盤」を提供すると指摘し、記紀神話は帝王の論理によって構築されたものであり、「帝王のもつ神話の論理が鉄によって世界を統一したものの論理であったこと」を知るべきであると主張する。この面からも、福士の仕事は再評価されてよいと思われる。

戦前、福士は「鉄気狂い」と嘲笑されていたというし（和歌森太郎談）、その業績はまったく無視されてきた。しかし、最近の古代史ブームの中で、鉄の問題は大きくクローズアップされ、多くの著作が公にされている。先にふれた吉野裕は、戦前に福士の『原日本考』のあったことを知って「ガクゼンとした」という。最近の、たとえば真弓常忠『日本古代祭祀と鉄』（学生社）や谷川健一『青銅の神の足跡』（集英社）、同『鍛冶屋の母』（思索社）などには福士の業績が顧みられており、一定の評価をえているようである。

宍戸儀一の鉄の民族史

宍戸は文学者であり、文芸評論家であった。もちろん歴史学や考古学などの専門家ではないが、福士幸次郎のつよい影響をうけて、古代鉄文明の研究に力を注ぎ、二冊の書物を公刊した。①『民族形成と鉄の文明』（昭和十七年、道統社）、②『古代日韓鉄文化』（昭和十九年、帝国教育図書）である。著書①は本論二五章と附録三編からなるが、本論の大部分は、インド、エジプト、小アジア、東南アジアの「鉄の文明」の叙述に費やされている。宍戸は、鉄を伴う南海の文明は中国大陸黄河流域に到達し、やがて朝鮮半島を経て、わが日本列島に流入してくるのだという。

我々の祖先は海から現はれた。スメル山の秀麗な姿を仰ぎ、クラカタウの赤い噴煙を左に眺め、アレイを経、黒潮の背に乗つて支那海沿岸を北上し、江淮と山東の間に上陸し、一部は渤海湾をめぐつて韓半島に到り、さらに宗祀を奉じて日本列島に辿り著《つ》いた。歓呼しつつ東海の浦曲に注ぐ黒潮に澡《そう》して大陸の塵を洗ひ落した祖神たちは、四季鮮かなこの美しい朝日国に、いかに讃歎の声を発したことか。

これは「歴史」ではなくロマンである。南の海への「民族の郷愁」は、まさに故あることであり、「南海の島々への進出こそは、まさしく母なる国への巨《おお》いなる還元である。そして大東亜戦争の雄渾にして壮重なる意義もここにあるのである」と、戦争の意義に結びつける。

②の著作では、宍戸は、鉄の技術は「帰化人」によってもたらされたものではなく、わが国固有のものが存在したと主張する。

朝鮮は早く漢の代から支那大陸と関係が深くなつて、その文物を摂り文化が開けたから、わが国と関係を生ずるやしきりにこれを伝へた。

というような教科書の如きは「惨めな植民地的国史」というべきものであり、「大東亜建設に向つて民族的進軍の旗が高く翻りつつある今日」放置することはできないと叫ぶのである。

歴史の教育

変わりゆく学校

昭和十七年（一九四二）七月に刊行された東京市鷹番国民学校（現、東京都目黒区立鷹番小学校）の『創立十周年記念誌』を見ると、冒頭に「誓詞」が掲げられている。

我等ハ　神国日本ニ生レタ　歓ビヲ　感謝シ　皇国ノ道ノ修錬ニ力《つと》メ　興亜ノ　大国民トナリマス

記念誌の中で、五年生のS・K子は「十周年を迎へて」と題してつぎのように書いた。

私がこの学校へ入学しましたのは今から五年前で、ちやうど支那事変の始まつた翌年でした。その時から今日までの間に、奉安殿や国旗掲揚塔や其の他色々な物が出来ました。毎朝国旗を掲げ、奉安殿ををがみ誓詞をとなへ、朝礼も大へんりつぱにいたすようになりました。小学校が国民学校となり、勉強や体操なども、前よりはりきつてして居ります。それに昨年から青少年団が出来、団体くんれんも折り〳〵いたして居ります。其の上学校農場がありまして、生徒は元気に楽しく働いて居ります。このやうに何もかも元気にみち〳〵て居り、戦争の最中にもこんなに楽しく勉強できるのも、天皇陛下のおめぐみとありがたく思つて居ります。

戦争期に入って、急速に教育の現場が変貌していったことがうかがわれる。教科の教育と学校行事が巧みに組み合わされて「皇民化」教育がおこなわれたのである。

戦時教育論　皇民化教育を「理論」的に支えたのは戦時教育論である。戦時中の教育学者の言動について詳しく調べた長浜功『増補教育の戦争責任』(明石書店)を読むと、著名な教育学者や教育家が、とくに戦後の「民主教育」のにない手であったような人物が、戦時中いかにあられもない発言をしていたかを知って驚愕する。

東京帝国大学の教育学の助教授であった海後宗臣《かいごときおみ》もまた時流に乗った一人であった。『大東亜戦争と教育』(昭和十八年、日本文化協会)には、

米英の支配を一掃し、東亜人自らの新しい生活建設に入らしめんとするために、大進

撃の御戦が展開されてゐるのである。全大東亜人をして先づ大御稜威《おおみいつ》を仰がしめ、その下に諸民族の新しい建設生活を力強く展開せしめることこそ、実に大東亜戦争の帰結であるといはねばならない。

という調子で教育論が展開される。このような文章は、ごくふつうにおめにかかったものであるから、驚くには当たらない。東京女子高等師範学校教授であった倉沢剛《たけし》は『総力戦教育の理論』（昭和十九年、目黒書店）なる大著で、つぎのように述べる。

われわれの総力戦国家は、第一に、皇国の何たるかを弁《わきま》へて臣民の道に徹すること、私に背いて公に向くこと、一旦緩急あれば義勇公に奉ずること、この至誠尽忠・皇運扶翼といふ皇国の伝統的な精神力にむかつて錬成されなければならない。これが日本教学の要とするところ、これがあくまで根幹である。

倉沢は、第一に欧米追随の国籍なき教育学をやめて「皇国教育学」を樹立すること、第二に、抽象的・思弁的教育から具体的・現実的教育学へ、そして第三に、大東亜民族の教育体制の樹立をめざせと主張したのである。

京都帝国大学総長もつとめた小西重直には、『皇道帰一の教育』（昭和十五年、宝文館）とか『国民教育と親心』（同十六年、玉川学園出版部）などという戦時教育論集がある。

「今次の聖戦は実に文字通りの聖戦である。日本は実に日本としての捨我奉仕を実行しつつあるのである」「聖戦は実に武力戦に止まらない。新秩序の建設であり、広義の文化工作であり、生活の安定である」「皇国の道は実に歴史上の事実である。日本の歴史の本質は皇国の道の実現である」などという空疎な言葉の羅列を見ると、知性の府であるべき大学の長の発言とは、とうてい信じがたい。

『尋常小学国史』

子どもの頃に学校で受けた教育をふりかえると、小学校の高学年では『尋常小学国史』を教科書として「国史」を勉強した。この教科書は、上巻は昭和九年の初版で、第一章「天照大神」から第三十二章「後奈良天皇」まで、下巻は昭和十年の初版で、第三十三章「織田信長」から第五十四章「国民の覚悟」までを収めていた。各章の見出しがほとんど人名であるところに特色があり、たとえば、神武天皇（第二章）、日本武尊（第三章）、神功皇后（第四章）、仁徳天皇（第五章）、聖徳太子（第六章）、天武天皇と藤原鎌足（第七・八章）、聖武天皇（第九章）、和気清麻呂（第十章）、という具合である。

こうした教科書の構成は、外国の研究者の眼にも奇異にうつるようで、フランスの日本史学研究者ピエール・フランソワ・スイリは、明治以前のどの時代に関しても、道徳的美点の強調される「よい人物」の名前しか登場しない点に興味を示した。すなわち、蘇我入《いる》鹿《か》や道鏡、藤原道長、平清盛、足利尊氏の名前は章の表題には見えない。道長の名はないが「藤原氏の専横」の章があり、「平重盛」はあるが清盛はなく、「武家政治の起」はあるが源頼朝の名はない。足利氏については「足利氏の僭上《せんじょう》」「足利氏の衰微」の章はあるが、尊氏・義満《よしみつ》の名はない。ここに、この教科書の本質が示されているのであり、いうまでもなく、そこでの尺度は「天皇への忠誠」であると指摘する（マルク・フェロー『新しい世界史―全世界で子供に歴史をどう語っているか―』大野一道訳、新評論社）。

武家政治の評価

第十九章「武家政治の起」以下、第二十一章「北条時宗」の章までは、いわゆる鎌倉時代を扱っているが、源頼朝については、幕府を開いたことを述べて、「これから後およそ七百年の間、武家の政治がつゞき、おそれ多くも、朝廷の御威光は、いよ〳〵衰へられた」と記し、頼朝については当然マイナスの評価が与えられる。承久の乱にかかわり、北条義時については「不忠の行《おこない》が多かつた」と同じくマイナスの評価が与えられるが、時宗になると、文永・弘安の役の功績を称し、明治天皇から従一位を追贈された旨特記している。

『初等科国史』になると、頼朝の評価はかなり変わる。頼朝は「つねに朝廷を尊び、神を敬ひ、仏をあがめ、武をねることをすすめ、特に剛健な気風を養つて、いざといふ場合に備へさせました」となる。義時は承久の乱の責任を一身に負わされたかたちであるが、泰時、時頼については「ともに身をつつしみ、政治にはげんで、義時の罪をつぐなふことにつとめました」と記される。時宗にいたっては、「わづか十八歳ではありましたが、大胆で勇気に満ちた英雄でありました」と称讃されている。

太平洋戦争を「国難元寇」になぞらえて、北条時宗を国難打開に挺身した忠君愛国のかがみとするもの、時宗を、天が国難を救わんがために、わが皇国に授けられた大偉人とするものなど、時宗を称讃する書物が、戦時中に出版されたのである（川添昭二『蒙古襲来研究史論』雄山閣出版）。

『初等科国史』　昭和十六年（一九四一）二月、勅令一四八号で「国民学校令」が公布された。その第一章第一条は「国民学校は皇国の道に則りて初等普通教育を施し国民の基礎的錬成を為すを以て目的とす」と記している。ちなみに、これ以前の「小学校令」では、「小学校は児童身体の発達に留意して道徳教育及国民教育の基礎並其生活に必須なる普通の知識技能を授くるを以て本旨とす」とされていた。

「修身」「国語」「国史」「地理」は国民科としてまとめられ、この教科は、わが国の道徳・言語・歴史・国土国勢等について習得させ、特に国体の精華を明らかにして、国民精神を涵養し、皇国の使命を自覚せしむるをもって要旨とする。皇国に生まれた喜びを感じさせ、敬神・奉仕の真義を体得させ、わが国の歴史・国土が優秀な国民性を育成してきたわけを知らせると同時に、わが国の文化の特質を明らかにして、その創造発展につとむるの精神を養ふべし（国民学校令施行規則）。

とされている。そして「規則」第五条は「国史ノ時代的様相ニ留意シテ一貫セル肇国ノ精神ヲ具体的ニ感得把握セシムベシ」という。

これに基づいてつくられた文部省編『初等科国史』（昭和十八年三月）は上・下二巻で、その構成はつぎのごとくであった。

上巻は一六三ページと年表。冒頭に天壌無窮の神勅が掲げられ、ついで「御歴代表」として天皇名が列記される。本文は、

第一　神国、第二　大和の国原、第三　奈良の都、第四　京都と地方、第五　鎌倉幕府、第六　吉野山、第七　八重の潮路

となっており、「高千穂の峯」の項から「国民のめざめ」まで全一九項に分かつ。

下巻は一八九ページと年表。上巻と同様に「神勅」と「御歴代表」を掲げ、本文は、

第八　御代のしづめ、第九　江戸と長崎、第十　御恵みのもと、第十一　うつりゆく世、第十二　のびゆく日本、第十三　東亜のまもり、第十四　世界のうごき、第十五　昭和の大御代

となっており、「安土城」から「大御代の御栄え」まで二一項に分ける。

『初等科国史』の特徴

この教科書の大きな特色のひとつは、これより先の『尋常小学国史』が「天照大神」「聖武天皇」「後醍醐天皇」「楠木正成」など人名をもってしていたのに比し、象徴的タイトルを用いた点である。これは第一に、「よしんば忠良賢哲の人傑であつても、臣子の分際にある民草を、大君と同列の形式で課の題目に掲げるのでは、失当の難をまぬかれない」からであり、第二には「その題目の称呼には、なるべく醇正な国語的表現を用ゐ、国史の大要とその骨髄とを直観的に感得せしめるようがとした」のである（『初等科国史 上・教師用』、和歌森民男「国民科の中の国史教育」加藤章ほか編『講座　歴史教育　1』弘文堂）。

また、黒羽清隆は『初等科国史』の特質をつぎのように要約する。①章節だてに象徴的なタイトルを使った（前述）、②「――です」調の文体、③考古学的記述はほとんどない、④中世武士に対する評価がたかい、⑤「南北朝」の語は使用していない、「御歴代表」中

に光厳・光明・崇光・後光厳・後円融の五帝は省かれている、⑥楠木正成・正行《まさつら》の評価がたかい（「皇国史観の国史教育」前掲『講座　歴史教育　1』）。

先に少しふれた「教師用書」は、「教材の趣旨」「取扱の要点」「参考資料」を挙げているが、㈠の「高千穂の峯」の項で、つぎのように述べている。

皇孫御降臨のくだりは、本節の焦点であるから、尊厳無比の御盛儀を十分に奉体せしめることが肝要である。（中略）厳粛且雄大なこの場面の表現には、記紀の叙述に則りながらも、更に新たな工夫が施してある。御降臨前後の情景描写のごとき、それであり、特に民草奉迎の模様を記したのは、もとより臣子の衷情を表さうとの意図に外ならず、児童の心奥深く、この御盛儀に対する感銘を刻まうとしたのである。

教室で　昭和十八年（一九四三）五月頃、茨城県東茨城郡河原田村立国民学校で、国史の掛図の「天孫降臨」を見て、児童のひとりが「先生そんなのうそだっぺ」というと、二、三の児童も同調した。すると指導の教師（茨城県師範学校出身の二五歳くらい）は、たいへん怒り、教員室に児童を呼びつけ、「貴様は足利尊氏か、とんでもない奴だ」とどなり木刀で頭部を強打したという（唐沢富太郎『教科書の歴史』創文社、佐藤伸雄『戦後歴史教育論』青木書店）。

また、山中恒『撃チテシ止マム——ボクラ少国民　第三部——』（辺境社）が、草場弘の著述『皇民錬成の哲理』（昭和十五年、第一出版協会）によって詳しく紹介している、千葉県山武郡東金国民学校の教育の実情は、信じがたいほどのすさまじさである。高等科一年の国史の授業は、教師も児童も教室の板の間に正座しておこなわれる。まず「天壌無窮ノ神勅」を奉誦し、神武天皇即位から「国史展開の要点の事蹟と年号」をいっせいに暗誦してのち「建武中興」の授業に入る。導入として教科書を一読する。「先生も児童も教科書を左手に持ち膝の上におきつつ、先生は語り、生徒は承はる」。黒板は使わない。授業は「建武中興」の失敗の原因は当時の武士の私欲功利心によることを明らかにして「道徳の精髄に触れて行く」。

足一つ動かさず、坐相一つ揺がせぬ児童達の瞳は語られる師の顔貌に凝集し、四十五分の時間の間、全く師弟一如の雰囲気が全教室に充満する。在るものは建武中興の偉大なる史実のみである。生けるが如く正成そこに行動し、在《いま》します如く後醍醐天皇そこに臨御し給ひ、舞台の面に出でしが如く藤房卿はそこに動き退きかくれ行く、尊氏の悪辣なる功利的の行蔵が、これらの内にゆるやかに而も大きく浮き上つて来る。

まるで神がかりの宗教団体での修錬のごときありさまである。私は、師範学校一年生のとき、草場弘の講義を聴いている。和服姿で、芝居がかって、日本刀を引き抜き振りまわしながら「師魂」について語る草場に、さすがの「軍国少年」だった私も、辟易《へきえき》した覚えがある。いま想えば、笑止にたえないが、戦時中は、これがごく当たり前のことであった。

中・高等教育

平将門の乱と「国体」

昭和五十一年（一九七六）九月に刊行された佐伯有清・坂口勉ほか共著の『研究史　将門の乱』（吉川弘文館）は、江戸時代の滝沢馬琴から昭和にいたる将門研究史を詳細に述べた、きわめて有用な書である。本項の叙述は多くこれに拠る。

史上の人物については、しばしばその道徳的な評価が下され、忠臣・逆臣の論議など、学問以前のところでおこなわれることが多かった。将門については、とくに伝説がひろく民間に流布しており、虚実弁別しがたい状態があり、したがって、歴史学としてなすべきことの第一は、史実の確定であり、客観的な将門像を描くことであった。しかし「民衆の英雄」像は強固であり、「逆臣将門」像との間で揺れ動くことになる。将門弁護論は根づよく、学問的論争の中でも、繰り返し出てきている。

大正九年（一九二〇）に公にされた大森金五郎の論文「平将門謀叛の真相」（『中央史壇』一―八）は、将門の史実は「風教上からも、また国体上からも」扱いに慎重を要すると書いた。将門事件を「国史の汚点」とする見方はその後もひき継がれるが、すでに大正九年発行の国定教科書『尋常小学国史』（上巻）からは、将門の名は消えていて、以後戦後まで復活しなかった。

昭和十年に出た岡田希雄の「将門記攷――将門記の訓点――上」（『立命館文学』二―三）は、将門記本文研究の水準を引きあげた論文と評価されているが、かれの将門の乱についての考え方、見方は問題とすべきところがある。将門が皇位をのぞんだか否かについて、将門に野望がなかったとはいえないが、しかし、「金甌無欠《きんおうむけつ》の国柄を誇る我が国に於て」そのようなことがあってはならないと岡田は考える。『将門記』に引かれる将門書状の「傾国の謀」の語について、『扶桑略記《ふそうりやっき》』の「倍君之謀」を採り、「倍君」すなわち「君ニソムク」であって、ただの謀反にすぎないとする。岡田は、「一般の史家の如くに事を枉《ま》げてまで其の非望を否定しやうとは毛頭考へない」が、「国民の情としては否定したいのである」という。本文研究および作者論にすぐれた業績をあげた岡田が、それと矛盾なく、およそ非学問的な文章を書きうるところに「国体」観念のあやしさがある。

将門の乱の評価

昭和十五年（一九四〇）に刊行された田名網宏《たなあみひろし》『平安時代史』（『新講大日本史』第三巻、雄山閣出版）は、「朝廷の精神的弛緩」「朝廷の威望は一層衰へ」と、「新興武家勢力」の興隆とを対比して将門の乱の史的意義を考えているが、それより一〇年前昭和五年に出版された、川上多助『平安朝　上』（『綜合日本史大系』内外書籍）は、承平《じょうへい》・天慶《てんぎょう》の乱は地方の一叛乱にすぎなかったが、「朝廷をして地方豪族の勢力の恐るべきことを知らしむるには充分であつた。併しその大将軍の手を藉《か》らず、将門純友相次いで誅滅に帰したことは、皇威のなほ隆なるを想はしめ」たと述べていた。なおまた、昭和十八年に出版された、文部省編『師範歴史　巻一』は、この乱を「私闘」「国司に反抗」と簡単に記すのみである。

戦前の将門研究で注目すべきものは、遠藤元男「武士の性格について――将門記研究の方法と其実例――」（『歴史公論』七―一）である。敗れた平将門と勝利した平貞盛を対比して、貞盛は「血縁的な紐帯が弱くなつて地縁的な結合が強くなつてゆくこと、つまり、土地を通じての封建的な隷属関係が強化されてゆく」社会の方向に順応した者であったが、将門は

「他に類例をみないほど莫大なる土地と奴隷との所有者ではあつたが、それらの土地と奴隷とを充分な封建的な隷属・結合関係にまで強化させることには必ずしも成功してゐたとはいへない。彼はまだ血縁的関係の社会的重要性に捕はれてゐたのであつた」という。すなわち、貞盛は「進歩的」で、将門は「守旧的」だったというのである。従類・伴類・従兵・上兵などに注意を払った遠藤の視点は、戦後の研究の発展へとつながるものを持っていた。

このように、学問研究、またおそらく大学教育のレベルでは、一部まともな研究・教育がおこなわれていたのであろうが、「時局」の風は防ぎようもなく、多くの部分で研究の本姿は失われていったのである。高等教育は未だし、中等教育は総崩れとなるのである。

中学校での教育

昭和十二年（一九三七）に出された中等学校の新教授要目は、

我ガ国ノ歴史ト諸外国ノ歴史トノ異ル所以ヲ明確ニシ世界ニ於ケル我カ国ノ使命ヲ自覚セシメ国民的信念ヲ鞏固《きょうこ》ナラシムルコトヲ要ス。

といい、西洋史の教科書も、「皇道を世界に示して、列国の蒙を啓《ひら》き、東西文化を融合せる新文化を創造せねばならぬとし、あるいは祖国三千年の歴史は世界人類の歴史の間に燦として輝いていると誇り、あるいは建国二千六百年を国体の精華と結びつけ、大東亜共栄圏の確立、八紘一宇の精神、建国の大精神、皇祖天照大神の博大なる仁愛を謳い、高度国防国家体制の樹立」を説いた（太田秀通「戦前の歴史教育」井上清編『現代史の方法』三一書房）。新見吉治『女学校用西洋歴史』（昭和十八年）など、「女子の天職たる子女の教育は家のためでなくして、国のためであることを忘れてはならぬ」という立場で教育にのぞんでいる。長沼賢海は、「中等学校教科書を書いて、三省堂から出すことになったんだが、おしまいには検査がきびしくなってね。これとこれは必ず書けという。神話のところで『……と伝えられている』『……ということである』と書くと『……である』と書けといわれて、それなりに苦心しました」と回想している（「明治・大正・昭和」『日本歴史』四〇〇号）。

『日本中心の世界史』

研究社の「学生文庫」のうちに、飯田一郎『日本中心の世界史』（上・下）がある。上巻は昭和十七年九月、下巻は同年十二月に刊行された。紙質の悪い文庫版で、図版はきわめて不鮮明である。著者は当時、東京高等師範学校で日本史を講じていた。中学生向けの副読本に類するもので、したがって叙述は教科書的である。「日本中心の」としたところが眼を惹くのであるが、「世界史」の総合的叙述として成功しているとはいい難い。ときがときであるだけに、西洋紀元をのみ使ふのは西洋追随以外の何物でもないであらう。本書に於てはすべてわが神武天皇紀元年数を以て記述した。

という姿勢を鮮明にしている。叙述は「人類の出現」に始まり、メソポタミア文明、バビロニヤ、インダス文明と説き、そして「神代の日本」となる。縄文・弥生など考古学的知見について書かれるが、絶対年代が記されることはない。そして、いわゆる闕史《けっし》時代について、

第二代綏靖《すいぜい》天皇から第九代開化《かいか》天皇に至る凡《およ》そ五百年間は内外共に格別の変化なく平和な生活が続けられた。

などと書き、著者の苦心のほども察せられる。また、現代のところで「紀元二千六百年式典」について、

この盛典は二千六百年前、橿原《かしはら》の宮に於ける神武天皇御即位の日の光景を彷彿《ほうふつ》せしむるものであつた。上は神武天皇の御子孫が一系の皇統を伝へて現存し給ひ、下には嘗《かつ》て天神の寿詞を奏した天児屋根命《あめのこやねのみこと》の子孫が今日またその寿詞を奏上した。参列の諸員を初め一億国民の肉体の中には、当日矛や盾を執つて式場の内外を警備し奉つた道臣命や大久米命の血液が流れてゐるのである。

と書いている。

『概観国史』　昭和十六年（一九四一）二月に出版された、中村直勝《なおかつ》『概観国史』（北海出版）は、青年学校要目講座・普通学科精説の一冊として『祖国』と題して昭和十四年に出版されたものに補筆した小冊子である。著者中村は、このとき京都帝国大学助教授であった。本書は、つぎの六章よりなる。

第一章 我が国の特性、第二章 大化改新前後に於ける制度法規の整備と国家的理想、第三章 儒教及仏教の受容と其の日本化、第四章 武士社会の成立と武士道、第五章 近世に於ける都市の発展と民衆文化、第六章 国学の勃興及び外国の刺戟による国民的自覚

本書の記述は、第一節「肇国の大精神」から始まる。そして神武天皇の即位、三種神器について述べ、「国体」「日本精神」の淵源を説く。叙述はかけ足で、幕末開国で終わる。最後に、第六章第七節として「国民の自覚」の項がある。中村はいう。「わが国の歴史は『肇国の精神』の顕現である。わが国の歴史は、天孫降臨の神勅により、また神武天皇の八紘為宇の大御心により発展してきた。『されば、かゝる国に生を享《う》けた我々日本人の栄光こそは、何物にも比すべきではない』」と」。

中村直勝は多作の人であったが、戦時中の著作としては、年次順にあげると、『国史通

論』（昭和十二年、星野書店）、『荘園の研究』（昭和十四年、星野書店）、『通説日本上代史』（昭和十七年、臼井書房）、『通説日本中世近代史』（昭和十八年、一条書房）などがある。このうち『荘園の研究』は、それ以前の論文を収録したものであるが、六〇年を経たいまでも参照すべき業績である。

高等学校での教育

旧制度の高等学校は、修業年限三年で、文科・理科に分かたれ、実質的には大学予科的な存在であったが、規定の上では、高等普通教育の完成をめざすものであった。しかし、太平洋戦争下、大学・専門学校の修学年限短縮に合わせ、高等学校の年限を二年とし、大学の予備教育をおこなうものと位置づけられた。

これより先、昭和十二年三月に高等学校の教授要目が改正され、歴史科の教授方針がつぎのように示された。

歴史科ニ於テハ古今ノ主要ナル歴史的事象ヨリシテ邦国盛衰ノ因由・文化ノ進展ヲ会得セシメ国民的教養ニ資シ国民ノ活動ハ歴史ヲ貫ク国民精神ニヨリ制約セラルルモノナルコトヲ明ニシ我ガ国ノ歴史ト諸外国ノ歴史トノ異ナル所以《ゆえん》ヲ示シ世界ニ於ケル我ガ国ノ使命ヲ知ラシメ国民的信念ヲ鞏固《きょうこ》ナラシムルヲ要ス

一、東洋史・西洋史ニアリテハ東洋及西洋諸国ノ歴史的変遷ヲ知ラシメ其《そ》ノ精神的特性ヲ捉ヘ以《もっ》テ各国ノ歴史ヲ明ニシ歴史ニ対スル広キ理解力ヲ養ハシムルト共ニ我ガ国ノ精神ヲ基トシテ之《これ》ヲ批判シ常ニ国史ト密接ナル聯関ヲ保持スベシ

二、国史ニアリテハ国初ヨリ現時ニ至ル各時代ノ歴史的変遷ヲ知ラシメ特ニ我ガ国民精神・道徳及生活ノ国体ニ淵源《えんげん》スルモノナルコトヲ示シ以テ国家ノ発展ノ跡ヲ明ニスルニ力《つと》ムベシ

示された教授事項によると、総論について、古代は㈠肇国ノ宏遠、㈡国土及国民、㈢国体ノ淵源、㈣神話・伝説ト其ノ意義、と始まる。そして末尾の方は、「国体ノ精華」として、㈠御聖徳、㈡一君万民、㈢不易ノ国体、と並ぶ。「教授上ノ心得及注意」としては、抽象的に流れることなく総合的・具体的に教授し、「生徒ヲシテ唯物史観ノ如キ一方的ナル史観」にかたよらせることのないようにし、わが国の歴史が「国民精神ノ顕現ナルコトヲ覚《さと》ラシメ」また史上の偉大な人物について説き「史上ノ偉人ノ内ニ自己ヲ見出サシメ以テ感激ト修養トニ資セシムルヲ肝要トス」などと記している。

改訂教授要綱　高等学校の教授要綱は昭和十七年（一九四二）三月に改訂された。そこでは、国史が肇国の精神の顕現であることを明らかにし、国体の本義に徹し、「世界的視野ニ立チテ我ガ歴史事跡ノ特質、意義ヲ闡明《せんめい》シ我ガ国民性ノ優秀ナルコ

トヲ知ラシメ以テ皇国ノ使命ノ自覚ト実践トニ培《つちか》フベシ」とし、とくに、肇国の事歴、大化の改新、建武中興、明治維新、海外発展、国威宣揚など、わが国の進展における顕著なる時期・事歴にはとくに関心を持たせ、「尽忠奉公ノ精神ニ徹セシムベシ」とする。そして「指導ノ的確ヲ期シ以テ皇国ノ世界的使命ニ対スル自覚ヲ切実ナラシメ大東亜共栄圏確立ノ実践ニ培フベシ」とした。

昭和十八年三月には、新入学生について、要綱の徹底を指示した。とくに、「奈良時代ノ兵制殊ニ防人ノ意義ヲ考察シ其ノ純忠奉公ノ精神ヲ体認セシム」とあり、「教授上ノ注意」の項には「歴代天皇ノ御鴻業《こうぎょう》ヲ景仰シ奉リ忠良賢哲ノ行実ヲ顕彰シテ感激ト修養トニ資シ」「尽忠奉公ノ精神ヲ涵養セシムルヤウ」つとめよという（資料集成『旧制高等学校全書　第三巻』昭和出版）。

『国史通観』　昭和十九年（一九四四）に出版された、藤田寛雅《かんが》『国史通観』（小島書店）は、いわゆる概説・通史で、教科書風のつくりである。本書の奥付によると、藤田は昭和八年東京帝国大学文学部国史学科を卒業、昭和十九年当時、明治大学・大正大学講師、大倉精神文化研究所嘱託とある。本書は、つぎの九章よりなる。

第一章　肇国と創業、第二章　古代日本の更新、第三章　古代日本の展開、第四章　上代日

本の発展、第五章 上代日本の漸変、第六章 中世日本の形成、第七章 建武中興の顕現、第八章 中世日本の転回、第九章 近世日本の発足

「はしがき」によると、「苛烈な戦ひの日々に生きて、必勝の一路を拓《ひら》き得るものは、深く徹した国家護持の精神であり、国史の体認が切言されるのも畢竟《ひっきょう》そこにあることは言を俟《ま》たない」――そのために本書は書かれたという。第一章の一は「肇国の精神」と題し、「万世一系の天皇を戴くわが国不動の根柢は、皇祖天照大神の天壌無窮の神勅により明示されていること、『古事記』『日本書紀』は「歴史が帰すべき究極の精神を明らかにしてゐる」ことを説く。そして、国生み神話から始めて、神武東征、神武の即位にいたり、「八紘を掩ひて宇と為《せ》む」との勅は、宏大なる国家の精神をあらわすものであるという。

古代の分野で興味ぶかいのは、考古学的研究の成果についての叙述で、藤田は、「編年的考察の困難な考古学的年序を、吾々の歴史の実年代に如何に一致せしめるかは容易な問題ではない」と記している。たしかに、これは「容易な」ことではない。昭和十四年に出版された、樋口清之《きよゆき》『日本原始文化史』(三笠全書)は、当時の考古学の水準を示している書物であろうが、あらためて読んでみて驚いたのは、「実年代」がほとんど記されていないことである。

縄文文化とか弥生文化、旧石器・新石器など、あるいは金石併用とか書かれているが、その「年代」については、まったく記述がない。唯一、年代が出てくるのは、大陸との交渉の部分で、古墳出土の玉《ぎょく》の渡来にふれて西紀二、三世紀という記述が見えるだけである。実年代を記せば、「建国神話」は崩壊してしまうであろうから配慮せざるをえなかったのである。

＊　ついでながら、私が小学生のとき使った教科書『尋常小学国史』をあらためて読んで驚いたことは、考古学的な記述がまったくないことであった。私は長いこと勘違いしていたのだが、小学校で縄文文化・弥生文化の語を覚えたつもりでいた。しかし、教科書にはその記述はなく、学校で教わっていないことは明らかである。もしその知識を得たとすれば、中学校に入ってのちに読んだ記憶のある、後藤守一『日本の文化　黎明篇』(昭和十六年十一月、葦芽書房――本書については坂詰秀一『太平洋戦争と考古学』〈吉川弘文館〉に解説がある)か、先にふれた飯田一郎『日本中心の世界史』(研究社)からであろう。

家永三郎の回想

昭和十六年(一九四一)十二月八日、開戦の日、新潟高等学校教授であった家永三郎は、「戦争のニュースに全然ふれることなしに、ただちに前回の講義の続きに入ろうとした時、真珠湾攻撃の『大戦果』のニュースに興奮していた生徒の一人が『先生はよく平気でいられますね』と言った。私は悲しい思いで、この生徒の発言を聞いた」と回想している。そして「昭和十七、八年ごろになると、生徒の中から西暦を使うのをやめてくれと要求する者の現われたのには驚いた。下級生になるほど高校生らしい特色が失われ、だんだん中学生同然となってきた」「私たちの時代には、中学生までは国家的な教育統制が貫徹していたのに対し、高等学校から上は、一応その統制の枠からはずされていたという、その区別が消滅して、今や下は小学校から上は最高学府までが、完全に国家的統制の下に組み込まれたことを意味したのである」と述べている（『一歴史学徒の歩み』三省堂）。

『師範歴史』　戦争末期の昭和十九年四月、私は東京第一師範学校（本科）に入学したが、そこで使用した日本史の教科書は、文部省編『師範歴史』（全二巻）であった。巻一は十八年六月初版で、第一章「肇国」から第九章「海内の統一と世界情勢」までで、桃山時代までを扱う。巻二は二十年一月初版で、第十章「江戸時代初期の内外情勢」から第二十一章「皇国の使命と世界新秩序」までで、「大東亜戦争」の開始までを扱っている。この教科書は『師範歴史』であって『師範国史』ではなかった。その理由はわからない。

「序説」は「国体」「国民精神」「国民の責務」「国史教育の意義」から始まる。

万邦無比の国体を有する我が国に於いては、国史は我が国民の精神的活動の生成発展の遺跡である。されば我が国民は、国史を顧み、国史を学ぶことによつて歴代天皇の御偉業を仰ぎ、祖先の行跡を偲び、国史のうちに脈々として流れる偉大なる伝統の力を発揮し得る。広く世界民族興亡の跡を顧みるとき、国史は一層燦然として輝き、愛国の精神は一段と熾烈を加へ、道義の観念はいよいよ高められる。

およそ修身の教科書を読んでいるような感さえあるが、これは戦時中の教科書に共通したものであって、驚くには当たらない。この教科書には考古学的研究の成果はまったくとり入れられておらず、縄文・弥生の語すら見えない。古墳について少し書かれているが、もちろん年代記述はない。読み進んで気づくことのひとつは、壬申の乱についての記述がないことである。「天智天皇ののち、弘文天皇を経て天武天皇が御即位あらせられたが(下略)」とさらりと書いている。

中世の一揆については、きわめて簡単にふれるだけで、江戸時代の百姓一揆についても、天明の飢饉に関連して「米価は暴騰し、土民の困窮甚だしく、諸所に百姓一揆或は町人の暴動を見るに至り、幕政の前途に深い陰翳が投ぜられた」と二行に記すだけである。近代の自由民権運動・小作騒動・労働運動については、まったく記述がない。
私は、師範学校で千々和実の国史の講義をうけたが、千々和は教科書をまったく無視して、聖徳太子の三経義疏《さんぎようのぎしよ》と、古代の仏像の詳細な解説をしただけであった。千々和は、『新田義貞公根本史料』や『高山彦九郎全集』などの編纂者であることからもうかがわれるように、皇室崇拝の念の強い人であったと思われるが、研究者としての節度を保っていたのであろう。

＊陸海軍学校での国史教育

かつての陸軍・海軍の士官を養成する諸学校、ことに陸軍幼年学校・陸軍士官学校・海軍兵学校における教育は、軍部内部のみならず、将来社会のエリートとしても認められるようにと、比較的幅広い学識・教養を身につけさせることをめざしていた。歴史の教育においても、それを通して精神教育・思想教育をおこなおうとする意図は稀薄であった。ところが一九三〇年代後期に入ると、

教官ハ徒ラニ史実ヲ羅列シテ教授ノ煩瑣ニ陥ル事ヲ避クルト共ニ皮相ノ説述ニ流ルル事ナク史実ニ内在スル精神ヲ捉ヘテ綜合的具体的ニ教授スベシ（昭和十四年、陸軍幼年学校「教授要綱」）。

とされ、戦争末期、昭和十九年の陸軍予科士官学校では、国史教育の目的・内容を、

皇国ハ世界ノ根基タル所以ヲ明徴ニス、国体及建軍ノ本義ヲ闡明シ皇軍必勝ノ伝統ヲ体認セシ

ム、復古維新並ニ尊皇攘夷ノ真精神ヲ具体的ニ実践的ニ把握セシム（陸軍予科士官学校編『振武台の教育』）。

と規定し、大きな変化を見せている（鈴木健一「陸・海軍学校における国史教育」加藤章ほか編『講座　歴史教育　1』弘文堂）。

あとがき

昭和十八年十月二十一日、明治神宮外苑競技場で「出陣学徒壮行会」が雨の中でおこなわれた。数字は必ずしも明らかではないが、出陣学徒の戦没者数は五〇〇〇人にちかいものと思われる。あたら有為の若者たちの命は「国のため」「天皇陛下のおんために」失われていった（福間敏矩『増補学徒動員・学徒出陣』〈第一法規〉、蜷川寿恵『学徒出陣』〈吉川弘文館〉）。太平洋戦争での死者は二五〇万人という。「軍国少年」としてかれらは幼少の頃から「忠勇なる臣民」たるべく育てられ、ほとんど疑いもなく戦場へと赴いた。

有史以来未曾有の国難に際会し、（中略）最も華々しき働きをなすべき機会を与へられたるは真に日本男子の本懐といふべく一死国恩に報ふべき秋《とき》が来たのである（真島利行大阪大学長談話、桜本富雄『戦時下の古本探訪』インパクト社）。

高御座《たかみくら》いや栄えゆく　すめらぎのしろしめす国　この国の男と生れ　みことのりかし

こみ以征《いゆ》き　大君の為に戦ひ　戦ひて死する幸（堀口大学詩）

おお　いまこそ　大いなる世紀の狼火《のろし》はうち上げられたり　ながき幽閉の扉うち摧《くだ》かれたり　つづけ　アジア十億の民よ　神の裔《すえ》なる　大和民族の旗につづけ　われらが神霊　また卿《おんみら》等の上に在り（村野四郎詩、阿部猛『近代詩の敗北』大原新生社）

このような言葉に送られて、若人たちは「悠久の大義に生きる」とか「滅私奉公」とか、自己を納得させるスローガンを口ずさみながら、戦陣に散っていったのである。個人的なことを記せば、私は特別甲種幹部候補生として陸軍予備士官学校に入校したものの、間もなく敗戦となり、幸いにも命ながらえた。

戦いが終わって私は学窓に戻り、やがて日本史を学んだ。私は古代・中世の社会経済史を専攻したが、関心の何分の一かは常に現代史、とくに太平洋戦争期にあった。みずからの青春と重なりあう、あの時代を、何らかのかたちで描きたいと思い続けてきた。それは、生き残った者のつとめでもあると思った。

旧著『近代詩の敗北』（大原新生社）はそのひとつの成果であったが、いまここに機会を与えられて『太平洋戦争と歴史学』を上梓することとなった。本書は史学史書とは名ばかりで、私の個人的関心に基づいて資料を並べたにすぎず、また日本史関係について述べたにとどまったが、稀薄なこの分野を埋める一助となれば幸いである。

なお、書中でふれた研究者のなかには、現存の方もおられ、正直にいうと書きづらいところもあったが、空白の「史学史」を埋めるための一作業としてご容赦をいただきたい。また、人名については、書物の性質上、敬称を省いた。

末尾ながら、執筆の機会を与えられた書肆と、吉川弘文館編集部の皆さんに、お礼を申しあげたい。

一九九九年六月

阿　部　猛

著者紹介
一九二七年、山形県に生まれる
一九五一年、東京文理科大学史学科卒業
現在、東京学芸大学名誉教授・文学博士
主要著書
尾張国解文の研究　万葉びとの生活　平安貴族の実像　鎌倉武士の世界　下剋上の社会　歴史の見方考え方　荘園史用語辞典

歴史文化ライブラリー
77

太平洋戦争と歴史学

一九九九年一〇月一日　第一刷発行

著者　阿《あ》部《べ》猛《たけし》

発行者　林　英男

発行所　株式会社　吉川弘文館
東京都文京区本郷七丁目二番八号
郵便番号一一三―〇〇三三
電話〇三―三八一三―九一五一〈代表〉
振替口座〇〇一〇〇―五―二四四
印刷＝平文社　製本＝ナショナル製本
装幀＝山崎　登

歴史文化ライブラリー

1996.10

刊行のことば

現今の日本および国際社会は、さまざまな面で大変動の時代を迎えておりますが、近づきつつある二十一世紀は人類史の到達点として、物質的な繁栄のみならず文化や自然・社会環境を謳歌できる平和な社会でなければなりません。しかしながら高度成長・技術革新にともなう急激な変貌は「自己本位な刹那主義」の風潮を生みだし、先人が築いてきた歴史や文化に学ぶ余裕もなく、いまだ明るい人類の将来が展望できていないようにも見えます。このような状況を踏まえ、よりよい二十一世紀社会を築くために、人類誕生から現在に至る「人類の遺産・教訓」としてのあらゆる分野の歴史と文化を「歴史文化ライブラリー」として刊行することといたしました。

小社は、安政四年(一八五七)の創業以来、一貫して歴史学を中心とした専門出版社として書籍を刊行しつづけてまいりました。その経験を生かし、学問成果にもとづいた本叢書を刊行し社会的要請に応えて行きたいと考えております。

現代は、マスメディアが発達した高度情報化社会といわれますが、私どもはあくまでも活字を主体とした出版こそ、ものの本質を考える基礎と信じ、本叢書をとおして社会に訴えてまいりたいと思います。これから生まれでる一冊一冊が、それぞれの読者を知的冒険の旅へと誘い、希望に満ちた人類の未来を構築する糧となれば幸いです。

吉川弘文館

〈オンデマンド版〉
太平洋戦争と歴史学

On Demand

歴史文化ライブラリー
77

2017年（平成29）10月1日　発行

著　者　阿《あ》部《べ》　猛《たけし》
発行者　吉川道郎
発行所　株式会社　吉川弘文館
〒113-0033　東京都文京区本郷7丁目2番8号
TEL　03-3813-9151〈代表〉
URL　http://www.yoshikawa-k.co.jp/

印刷・製本　大日本印刷株式会社
装　幀　清水良洋・宮崎萌美

阿部　猛（1927～2016）

ISBN978-4-642-75477-4